マルクスとハムレット

新しく『資本論』を読む

鈴木一策

藤原書店

装丁・作間順子

マルクスとハムレット

新しく『資本論』を読む

凡例

マルクスの主著『資本論』第一巻の引用に関しては、現行ディーツ版の邦訳、資本論翻訳委員会訳、新日本出版社版『資本論』(全四冊)一九八二年、の総頁で引用箇所を示す。このディーツ版は、第二版と一部を除いて同じなので、第二版扱いとする。フランス語版『資本論』の場合、江夏美千穂・上杉聰彦訳の法政大学出版局版、一九七九年、上下巻の頁で示す。

『経済学批判』に関しては、杉本俊朗訳の大月書店、国民文庫版、一九六六年の頁で示す。

その他のマルクスの時事論文等は、『マルクス＝エンゲルス全集』(大月書店)の巻数と頁で示す。ただし、『全集』と略記する。なお、時事論文は「　」で、掲載された新聞・雑誌等は『　』で表記する。

引用文中の(　)は原文のもの、〔　〕は引用者注である。強調は傍線で示した。

シェイクスピアの諸戯曲、『ハムレット』、『恋の骨折り損』、『ヘンリー六世』(全三部)、『ロミオとジュリエット』、『ヘンリー四世』(全二部)等に関しては、第何部、何幕、何場、を示し、行数については異本もあるので省いた。

その他の引用に関しては、ほとんどの場合、拙訳で引用した。

はじめに

カール・マルクス（一八一八―八三）といえば、資本家による労働者の搾取の秘密を暴き、資本主義社会のメカニズムを明らかにした革命家ということになっている。確かにそういう面が濃厚にあることは、認めざるをえない。しかし、従来のマルクス像に囚われていては見えてこない、別の側面も確実に存在する。そして、その側面には、ウィリアム・シェイクスピア（一五六四―一六一六）の作品との出会い、ことに『ハムレット』との出会いの衝撃の余波が、感じられるのである。

理由は後で述べるとして、断定的に言えば、『ハムレット』には、ローマ的なヨーロッパ文明をはみ出す深い奥行きがある。だから、ローマ属領の拠点トリーア生まれのマルクスが、『ハムレット』をその深部から理解しえたかといえば、そうは言い切れない。『ハムレット』の深みに触れかかったと言いたいのだ。ただ、その深みに触れかけたとたん、マルクスはローマ的なものに引き戻されてしまう。ここでは、そのような揺れの振幅を呈するマルクスを、くっきりと描き出そうと思う。そうすることで、古代ローマに由来するヨーロッパの近代化の波に呑み込まれてきた左翼（もちろん私も含まれる）の立脚の足場を、根源的に反省してみたいのだ。

私がマルクスの「悶《もだ》え」に関心を抱いたのは、ジャック・ラカン（一九〇一―八一）の「ハムレット講義(1)」と格闘し、戯曲『ハムレット』を熟読するようになったからである。

父の亡霊が、自らの死の真相（弟のクローディアスに毒殺された）を告げに、息子ハムレットの前に出没したというのが、この物語の支配的解釈であった。だが、ハムレット王子は、最後の最後まで、父の死の真相を知らないことに（ラカンはそこまで徹底した判断をしていないが）、私は気づいた。『ハムレット』という作品は、そのように真相が不確かな状態に宙吊りにされた作品なのだ。だからこそ、ハムレット王子は、あるときは、父のために復讐しない自分を罵り、またあるときは、父は生前犯罪の花を満開にさせていたなどと父を軽蔑する。

父の亡霊は、一幕では正義を誇示するかのように甲冑に身を固めて現れるが、三幕で二回目に現れる時は、哀れを誘うかのように普段着で現れる。この時、ハムレットは「愚図な息子を叱りに参られたのか、おめおめと大切な時と情熱をいたずらに費やし、畏れ多きご命令を早急に果たさぬこの怠慢を叱りに」（三幕四場）と、亡霊に語りかける。ところが、その直前、兄殺しを悔やみ懺悔の祈りをしている隙だらけの叔父クローディアス（ハムレットには懺悔の中身は分からないのだが）を目にしたとき、ハムレットはなんと「奴（クローディアス）が父の不意をついたとき、父はたらふく食べて馬鹿太り、犯罪の花を五月の花のように満開にしていた」（三幕三場）と語るのだ。この紛れもないハムレットの悶えによって、私は『資本論』の悶えに行き着いたのである。

ハムレットは「正義」の父の死の「真相」を知りながら、復讐せずに悩む。支配的解釈がいまだにしがみついている、この「悩めるハムレット」というイメージは、父の「正義」の枠内でもがく王子を前提にしている。この枠を疑い始め、枠からずれてもがくハムレットを、私は「悶えるハムレット」と形容する。マルクスの悶えもこれに似ているのだ。

マルクスは、主著『資本論』第一巻第五章で、利潤を生み出す資本を「魂を吹き込まれた怪物」と形容した。「怪物」といえば、ローマで崇拝され、怪物の謎を解き、怪物を退治するヘーラクレースが連想される。資本を「怪物」としたマルクスも、資本の自己増殖の秘密を解明しようとヘーラクレースのように力んだことは間違いない。しかし、謎解きに欠かすことのできない武器、資本や貨幣や商品の価値を測る尺度、を手に入れようとして手を焼き、悶えていたマルクスに焦点を当てなければならない。実際、『資本論』第一章は、初版よりむしろ第二版において、その悶えが眼に見えるほどに顕著なのである。

その第一章「商品・貨幣」論の舞台には、『資本論』の全体を揺すぶるような悶えが見られる。それは、意外にも、価格を巡る悶えだ。『資本論』を準備する未完の著作『経済学批判』で、マルクスは価格のことを、ややいまいましげに、「商品の額に宿命的に貼りつけられた白い紙片」

と表現している。これは、価格の「宿命性」を気に病んでいるマルクスの悶えが洩らした表現に思われるのだ。

市場に売りに出される商品の額には、必ず「宿命的な」価格が貼りつけられている。マルクスは、このレッテルとしての価格を、商品の価値を測る尺度としては失格と見なす。商品の価値を測る尺度は、社会が平均的に不可欠としている人間労働（抽象的人間労働）だと主張する。この尺度こそ、資本の自己増殖の秘密（搾取）を暴く金科玉条の尺度だった。しかし、驚くべきことに、『資本論』のいたるところで、抽象的人間労働そのものが価格で表示され、労働時間も価格から割り出され、時間の計算も価格の計算によってなされている。要するに、マルクスは、価値の尺度を価格から分離したにもかかわらず、常に価格に依拠して論を展開しているのだ。

ところが、第三章の「価格」論では、商品を売りに出すに先立って、価格を決定し出荷量を確定することを、「命がけの飛躍」と命名する。この決定的な場面では、抽象的人間労働という尺度は価格の決定と無関係であり、価格の不透明さと不気味さが浮かび上がる。市場を読むことは神業に近く、価格と出荷量を読み間違えば、返品の山を抱え込み、倉庫保管料等々の出費は売り手の命を奪いかねない。だからこそ「命がけの飛躍」なのだ。

注目しなければならないことは、この「命がけの飛躍」に対応した価値の形容が、実は第一章にも顔を出していることである。価値の尺度は抽象的人間労働だと確言した直後、マルクスは、いつでもどこでも「同じ亡霊のような対象」が価値である、と形容せざるをえなかったのだ。それればかりではない、「どこを、どう、つかんでよいか分からない」対象であるとまで言い募る。価値は、市場での商品交換によって「抽象化」される社会的労働時間だと宣言しながら、価値は亡霊のようにつかみどころがないと、正反対なことを口走る。そこに、私は悶えるマルクスを見出したのだ。

ところが、従来のマルクス解釈者たちは、現代思想の要請に応えるために、『資本論』の中に都合のよい部分を見出し、マルクスの悶えに注目してこなかった。初期マルクスの『経済学＝哲学草稿』で疎外論が問題になれば、人と人との関係が物と物との関係に倒錯してしまう「物神化」論に注目する（ルカーチや廣松渉）。フランス構造主義の記号論（アルチュセールやラカン）が問題になれば、「貨幣の形而上学」を揺さぶる記号表現（シニフィアン）を商品（亜麻布や上着）に見立て、記号表現の戯れが恐慌に通じるなどと解釈してみせる（柄谷行人）。どれもこれも、マルクスの悶えにまったく触れていない。

ハムレットは、根も葉もない噂や世評のようなものからしか、父の死や母の再婚やオフィーリアのつれなさの真相を探ることができない。マルクスも、その時その時の当てにならない価格からしか、商品の価値を探ることができない。そういうマルクスに光を当てると、価格に振りまわされ、金銭勘定によって自らの首を絞め、思わぬしっぺ返しを食らっている私たち民草の悶えに向き合いかけたマルクスの姿を垣間見ることができる。民草は、経済成長とか科学の進歩とかいった「亡霊」に縛られながら悶え続ける。そうした悶えに触れるマルクスの悶えを描ききること、それが本書の狙いなのである。

なお、本書で幾度も問題となる演劇用語、シェイクスピアに由来するラテン語の「キドプロコ quid pro quo」について、とりあえず解説しておきたい。キドプロコとは、演劇において「無意識の取り違え」という意味で使われることが多い語である。ラテン語のキド quid とコ quo とは英語に翻訳すれば「何ものか something」であり、プロ pro は英語の「代わりに for」である。だから、キドプロコとは something for something、つまり「何ものかの代わりの何ものか」なのだ。そこから、あるものを他の別のものとうっかり「取り違える」という意味にもなり、あるものをつかんだつもりが「思わず別の何かをつかまされる」という意味にもなるのである。前者の「取り違える」という意味だったら、シェイクスピアの初期の喜劇『間違いの喜劇』の「間違い errors」で足りる。しかし、ラテン語のキドプロコを選択したシェイクスピアは、輪郭の定かでない対象を暗示するキドやコ、つまり英語の「何ものか something」を活かして、「思わぬ何ものかをつかまされる」という意味に使っている。外部の観察者に気づかれやすい「取り違え」「間違い」ではなく、観察者にも当事者にも気づきにくいもの、日本語の「皮肉なしっぺ返し」に近い事態、「思わぬものをつかまされる」ことがキドプロコなのだ。

注

(1)ラカン派の機関紙『オルニカール？』の二四号(一九八一年)から二七号(一九八三年)に掲載された七回の講義。セミネールのⅥ『欲望と欲望の解釈』に掲載されると予告されながら、なぜか実現していない。そのために、この講義は入手困難で、邦訳されていない。私は、慶應義塾大学のある教授のお世話で入手することができた。

第1章 マルクスとハムレット

ヘーラクレース的マルクスの悶え

浮き世の人々は、商品の価値を、価格で表現し、価格で測っている。しかし、価格は不安定で不透明で、価値の尺度としては、頼りにならない。ところが、商品の価値そのものには、しっかりとした裏づけがある。それは「社会が平均的に必要とする労働時間」であり、それを名づければ「抽象的人間労働」[1]だ。マルクスは、これが商品の価値を測る尺度だと明言し、マルクス主義者も概ねそのように理解してきた。

私も含めて普通の人は、こう反問するだろう。でも、これって常識と違いすぎじゃないか。二

○反の亜麻布と一着の上着がイコールなのは、「抽象的人間労働」が共通項としてあるからだとマルクス先生はおっしゃるが、二つの商品が例えば一万円だからイコールであるとされることは小学生だって知っている。私たちは、商品に必ず張りついている値段＝価格から、高価な商品は品質がよいだろうといった程度の推測はできる。しかし、その商品の生産にどれだけの労働時間が費やされていたかなど、まさか知るよしもないじゃないか、と。

ところが、驚いたことに、マルクスは、この反問に答えようとしたかどうかは分からないが、前言をあっさり取り消す。そして、まったく逆のことを口走る。価値は「同一の亡霊のような対象[2]」であり、「どこを、どう、つかんでよいやら分からない対象[3]」だというのである。これが、私のいわゆるマルクスの悶えの典型なのである。この悶えをしっかりと見据え、そこに『ハムレット』との出会いの衝撃の余波を、探っていかなければならない。

「亡霊のような対象」は、なぜ「同一の」と形容されているのか。いつでもどこでも「同一」であるといえば、商品世界の共通語の価格がそうだ。そこで、価値の尺度としてマルクスが失格と見なしたはずの価格が、「同一の」と形容されたのではないか、そう想定してみよう。だが、価格はなぜ「亡霊のような」対象なのだろうか。先ず考えうることは、価格が不透明であることだろう。千円という価格を示されても、どれだけの手間ひまをかけた商品なのかは、結局分からないのだから。しかし、それだけでは、「亡霊のような」対象とまでマルクスが言い募る理由とはならないだろう。

　ここで、注意したいのは、どれだけの手間ひまをかけたか分かる特殊な価格として、賃金というものがあることだ。実際、一時間働いて千円の賃金をもらっている浮き世の労働者は、（別の企業の労働者がもっと高い、あるいは低い賃金をもらっていることを知っているにしても）少なくとも自分の賃金千円が一時間の労働時間に値することを知っているではないか。意外に思われるかもしれないが、マルクスは、価値論では、この賃金労働者の日常的な価値判断に従って、商品の価値の実体は「抽象的人間労働」であり、結局は労働時間だと主張していたのだ。そうして実際、『資本論』の至るところで、六時間の労働時間は三シリングの賃金に値する（われわれの例では、一時間は千円に値する）という前提で、論を進めているのである。こうなると、ますます、賃金という価格に限ってではあるけれども、「亡霊のような」対象という表現は価格に当てはまらないことになろう。

　ところで、「働いた分だけの賃金をいただいている」という労働者の日常的な意識に従っているかぎり、資本家の利潤は搾取の結果だとは言えなくなることに注目しなければならない。等価交換からは利潤は発生しないと主張するマルクスにとって、これは由々しき事態であることは疑いない。それゆえにこそ、価値を抽象的な労働時間の透明な結晶と見なしたいが、そうはいかなくなるのだ。そこで、価値はヘーラクレースの謎解きの対象のように、不可解な「どこを、どう、つかんでよいか分からない」対象、「亡霊のような対象」と形容してしまったのではなかろうか。

このマルクスの屈折は、彼の剰余価値論を理解する鍵なのだが、その点については後述する。しかし、それでも、なぜ「亡霊のような対象」なのか、そこを問い詰めなければならない。

『ハムレット』は「正義」の芝居か

ここで、見通しをよくするために、『ハムレット』のあらすじを、支配的解釈に従いながら、極く簡単に紹介したい。

ハムレットがドイツのウィッテンブルク大学に留学していたところ、父王急死の知らせが届く。一人息子のハムレットは急遽デンマークに戻り、父の葬儀に向かう。だが、葬儀はとっくに終わっており、父の弟クローディアスが母ガートルードと結婚し新国王となる戴冠式が催され、ハムレットはただ一人、晴れがましい式に喪服を着て参列する。式が終わると、ドイツから駆けつけた学友ホレイシオが衛兵たちとともに、父上によく似た甲冑姿の亡霊を見た旨をハムレットに告げる。死後二ヶ月で喪を切りあげあわただしく結婚した叔父クローディアスのふるまいに疑いを抱いたハムレットは、「父の亡霊」に会おうと決意する。闇夜のエルシノア城で、何をするか分からないからと制止するホレイシオや衛兵たちを振りきり、ハムレットは一人で亡霊についていき「対話」する。

そこで、亡霊は「お前の叔父が私を毒殺したのだ」と死の「真相」を息子に告げ、復讐せよと命ずる。「真相」を知ったハムレットは、その後、ロンドンからやってきた旧知の旅芸人に、叔父が父を毒殺、父の妻を奪う劇を、叔父の前で演ずるように頼む。この劇を見た叔父クローディアスは顔面蒼白となって退場してしまう。

こうして、通常の解釈によれば、ハムレットは死の「真相」を亡霊から告げられ、父を毒殺した劇を見て取り乱す叔父の姿を目撃し、毒殺の「傍証」まで得たことにより復讐者として確信を深め、叔父をつけ狙う存在と化す。ところが、叔父に襲いかかるチャンスがいくらでもあるのに、ハムレットは最後の最後まで復讐することはなかった。そこで、「ハムレット」は、復讐を延期ばかりする愚図の代名詞となったのである。

だが、この広く行き渡ったハムレット解釈は、重大な誤解の上に成り立っている。その誤解を、とりあえず列挙しておく。

第一に、学友ホレイシオが「見た」元国王の亡霊は、彼が生まれてさえいない三〇年も前に隣国ノルウェーのフォーティンブラス王を決闘で殺害した時の甲冑姿で、頭のてっぺんから足の爪先まで装備し、甲冑の中に「誰」が入っているのか「見えない」ものだった。にもかかわらず、ホレイシオが元国王の亡霊だと確信したのは、大黒柱を失って大混乱に陥っていたデンマーク帝国の不穏な空気にのみこまれ不安になり、かの決闘についての噂だけをもとに、亡霊を想像したからなのだ。

また、元国王の亡霊だと真に受けているホレイシオを、ハムレットがからかったことにも注意しなければならない。ハムレットは、甲冑に身を固め、見えないはずのヒゲの様子を、ホレイシオに尋ねてからかう。ホレイシオの答え、「ご生前にお会いしたときの、銀まじりの黒でした」（一幕二場）は、三〇年前壮年期の黒ヒゲではなく、数年前に会った時の老年の「銀まじり」のヒゲを思わず洩らしてしまっている。このことも、ホレイシオが「見た」亡霊が、彼の想像物でしかないことを裏づける。亡霊の存在を頭から否定していたプロテスタントのホレイシオが、亡霊の存在を確信してしまう皮肉に見舞われたのとは対照的に、ホレイシオをからかったハムレットは、プロテスタントのように亡霊を否定もしなければ、確信もしないような、「あるのか、ないのか、分からない」宙づり状態にあったことが分かる。

第二に、ハムレットが「対話」した父の亡霊は、弟に毒殺された真相など語っていない。生前犯罪を犯したことを自白し、弟クローディアスが「耳栓の詰まったワシの両耳に、ヘベノンのジュースを注いだ」と語っているだけである。後述するように、両耳に注がれるジュースは毒ではなく噂であり、両耳を耳栓でふさいでいる亡霊は、噂を恐れる姿をさらしているのだ。だから、死の「真相」を告げたなどと受け取ることはできない。

第三に、旅芸人に頼んでハムレットが演出した芝居、叔父クローディアスの胸の内（やましさ）

を探る「ネズミ取り」の芝居が、弟が兄王を毒殺し、妻を奪う劇ではなかったことだ。芝居のさなか、ハムレットは客席から、毒液を国王の耳に注ごうとする役者のことを「あれはルシアーナス、王の甥だ」(三幕二場)と注釈する。ハムレットはクローディアス王の甥である以上、この芝居は、甥ハムレットが現国王クローディアスを毒殺し、母ガートルードを奪い近親相姦を犯すというどぎついものだということになる。だから、クローディアスは、やましさのためにうろたえるどころか、怒って退出してしまうのだ。これに、「空砲におびえたか」と語るハムレットは、自分が演出した毒殺劇が根も葉もない噂からのでっち上げであることを語っているのだ。こうして、この劇中劇も、父王の亡霊の物言いと同じように、毒殺を仄めかしながら、毒殺などなかったことを示していたのである。

以上から、ハムレットは、父の死の「真相」など手にしておらず、父の正義を確信したいにしても、噂や世評から正義を疑ってしまうような、「あるのか、ないのか、分からず」悶える存在であることが、見えてくるのである。こうした、つかみどころのない亡霊を内にかかえこみ、悶えに「悶えるハムレット」を、父の死の「真相」を知りながら、生まれつきのメランコリーのためか、青白いインテリの弱腰のためか、クローディアスの包囲網を突破できない状況のためか、復讐を延期して躊躇ばかりしている王子様に、要するに「悩めるハムレット」にしてしまったのが従来の解釈だった。ここには、父の「正義」、エリザベス女王の「正義」、ひいてはローマ的「正義」を前提とした構図が生き続けているのである。

屈折した『ハムレット』の引用

『資本論』の第二版は、一八七二年（マルクス五四歳）に公刊された。その第一章の三節の冒頭で、マルクスは、『ハムレット』より以前に上演された『ヘンリー四世』の第一部を参照する。逃げ足の「速い《クイックリー》」居酒屋の女将《おかみ》クイックリーに手を焼いて発したフォールスタッフ（デブで大酒のみで好色な大ほら吹き）の捨てゼリフ、「どこを、どう、つかんでよいか、分からない know not（現代英語の does not know）」を活用して、こう述べる。

商品の価値という対象は、どこを、どう、つかんでよいか、分からない対象という点で、後家のクイックリーとは食い違う。(4)

ここには、びっくりするような屈折が見られる。『ヘンリー四世』の登場人物で一番の人気者は、フォールスタッフであって、クイックリーは端役にすぎず、知っている読者は少ない。それなのに、なぜフォールスタッフの名を挙げないのだろうか。また、マルクスが引用した『ヘンリー四世』の第一部では、クイックリーの亭主も登場しているのに、なぜ亭主持ちのクイックリーを後家としてしまったのか。その理由はよく分からない。しかし、強引な雰囲気だけは伝わってくる。決定的なことは、価値のつかみどころのなさを強調するために、クイックリー女将について発せられたフォールスタッフのセリフを引用しながら、つかみどころのない価値と、同じくつかみどころのない女将とは「食い違う」とマルクスが口走っていることだ。これは、ある種の強迫神経症的な症状ではないか。

『ヘンリー四世』には、亡霊がまったく登場しないことに注意しよう。また、価値のことを「同一の亡霊のような対象」だと直前に語ったマルクスを考慮しよう。その上で、後家と食い違った「どこを、どう、つかんでよいか、分からない」価値とは、何なのか考えてみよう。

その際、一幕五場の父の亡霊との「対話」の後の、三幕一場におけるハムレット王子の有名な独白を、念頭におく必要がある。「生きるべきか、死ぬべきか、それが問題だ」と道徳的二者択一的に翻訳されてきた独白だ。本来は「疑問」と訳されるべき question が、「問題《プロブレム》」であるかのように訳されているのである。

だが、青年期のマルクスは、『新ライン新聞』に載せた「美わしき魂の告白」という論説では、予備選挙で外面的自由を獲得した人民について、この独白を引用し、「内面的自由は、あるのか、ないのか、疑問《クエスチョン》だ that is a question」(5)と英文まで添えて「疑問」を強調している。マルクスは、「内面的自由」を主語にした以上、道徳的「問題」ではなく、その主語のとらえどころのなさを、「疑問」で強調していたのだ。だから、青年マルクスに従って、この独白は、父の亡霊（あるいは、亡霊が振りかざす正義）は「あるのか to be、ないのか or not to be、分からない that is a question」と翻訳できるのである。もし、そうだとしたら、どうなるのか。

フォールスタッフの捨てゼリフ「どこを、どう、つかんでよいか、分からない」は、ハムレットの独白「あるのか、ないのか、分からない」のすり替わったものだった、ということだ。穿ちすぎと思われるかもしれないが、フォールスタッフはハムレットの身代わりであり、つかみどころのない価値とは、父の亡霊なのではないか。

クイックリー女将は、肉体を持った存在であるからこそ、不気味な亡霊と食い違っているとされたのではないだろうか。クイックリーの色気たっぷりの肉体は、女将に弱みを握られた好色なフォールスタッフにとって手を焼く肉体だとしても、亡霊よりはつかみどころがある。だから、「後家の」女将と食い違った「どこを、どう、つかんでよいか、分からない対象」は、「あるのか、ないのか、分からない」ハムレットの父の亡霊だったのではないか、と推理できるのだ。もしそうだとすれば、マルクスには、素直に『ハムレット』に言及できない、こだわりがあったのだ、ということになるであろう。

同じような症状は、すでに一八五二年（マルクス三四歳）、ヨーロッパの墓掘り人のプロレタリアートを「よくぞ掘ったり、老いたるモグラ」(6)と形容した、『ルイ・ボナパルトのブリュメール一八日』の第七章にも見られる。プロレタリアートをモグラにたとえて声援を送るマルクスの物言いは、ハムレットの物言いの引用なのだが、一幕五場の原文を捻じ曲げること甚だしいものだった。

ハムレットは、元国王の亡霊を真に受け怯えている学友ホレイシオらをからかうかのように、彼らの面前で父の亡霊を冷やかす。それは、生前の父を尊敬しているようでいて軽蔑するような奇妙な物言いであって、決してモグラに声援を送っている発言ではない。にもかかわらず、マルクスは正反対に受け取っているのだ。

フランス語で永遠の別れを意味する「アデュー」を三度も連呼して別れながら、その直後、四度も「誓え」と地下から叫ぶ滑稽な父の亡霊を、ハムレットは、「落ち着け、落ち着け、魂の乱れた聖霊さんよ」と冷やかし、「よくぞ言った、老いぼれモグラ old mole。ばかに速く地下を掘ってゆくな。立派な鉱夫だよ」(一幕五場)とほとんど馬鹿にしている。

「よくぞ言った」を「よくぞ掘った」と言い換え、この老いぼれた鉱夫の父の亡霊を五幕一場の老いぼれの墓掘り人にすり替え、未来社会を切り開く若々しいプロレタリアートを「老いたモグラ」にたとえる無理まで犯して、マルクスは、なぜ『ハムレット』を引き合いに出したのだろうか。ハムレットの父のヘーラクレース的正義にほだされ、老いぼれモグラを「正義」の墓掘りの翁《おきな》に見たてようとしていることは疑いない。しかし、同時に、「つかみどころのない」奇妙な父の亡霊であるからこそ、「老いぼれモグラ」と茶化し、からかう、暴れん坊の野性的で辛らつなハムレットが気になったのではなかろうか。ハムレットにこそ、プロレタリア的なものを感じていたのではなかろうか。

いずれにせよ、あの「同一の亡霊のような」対象とは、ハムレットに出没した父の亡霊、「同一」どころか奇妙なつかみどころのない父の亡霊であることが、見えてくるのではなかろうか。後述するように、マルクスは、まさにこの亡霊のことを、「議会における戦争討論」という時事論文では、「崇高なものと下劣なもの、恐ろしいものと滑稽なもの、英雄的なものと道化的なものとの「奇妙な混合」(7)と評している。このように「奇妙な」つかみどころのない「混合」としての亡霊であればこそ、なおさら、『資本論』の「同一の亡霊のような」つかみどころのない対象は、ハムレットの父の亡霊を対象としていたことになるだろう。ここが勘所であり、以下の私の論の展開は、このことを大前提とするものであることを、ご理解いただきたい。

マーキュリー的マルクス

そこで、最後に、つかみどころのない父の亡霊と同じように、つかみどころのない「同一の亡霊のような対象」としての価格、その価格の奇妙な不気味さを気にするマルクスの別の面を、少しだけ紹介しておこう（第6章以下で詳述する）。

価格に振りまわされ、「安くて便利」そうに見える混ぜもの食品をつかまされる下々の人々の生活、ことに泣きじゃくる赤子を黙らせる阿片入りの栄養ドリンクをつかまされる母親について、マルクスは長々と論ずる。辺境の高地スコットランドの「野蛮な」ケルト人が、金に眼がくらんだ氏族の「首長」によってどん底に落ちる様を、詳細に論ずる。好景気では図に乗って膨大な契約をしてしまい不景気になって破産してしまう造船業の企業家について論ずる、等々。これらはすべて、不気味な価格に振りまわされる労働者、同じように不気味な価格に振りまわされる資本家を気にしている証拠なのだ。

このような浮き世をはいまわるマルクスは、資本の謎を解こうとする高飛車なマルクスとは異質である。唐突ではあるが、そのようなマルクスを、ケルト文化圏で一番崇拝されてきたマーキュリーにたとえたい。『ハムレット』には、そのマーキュリーが見え隠れし、ハムレット王子が無意識にマーキュリーに変身してしまうように、シェイクスピアは演出している。

ライオンの皮をかぶり、オリーブの根からできた硬い棍棒を振りまわし、弓矢を携えたヘーラクレースと、マーキュリーとは異質である。翼の生えたサンダルを履き、蛇の巻きついた杖をつくマーキュリーは、浮き世をはいまわる「さすらいの神」である。天界の主神ジュピター（ゼウス）の息子ヘーラクレースは、太陽神アポロンの理性に接近するが、マーキュリーの「翼」は、太陽

マーキュリーの図

「「哲学者の卵」(錬金術の容器)の中にメルクリウス〔ラテン名。英語名はマーキュリー、ギリシア名はヘルメス〕がいて、「息子」として太陽と月の上に立っている。これによってメルクリウスの二重性が示されている。鳥の群は精神化(霊化)を暗示しており、焼けつくような太陽の光が容器の中の「ホムンクルス」(人造小人)の成育を促している。『沈黙の書』(1677年)」

(C・G・ユング『心理学と錬金術 I』池田紘一・鎌田道生訳、人文書院、1976年より)

に接近したかに見えて下界に下降することをも可能にする。そして、蛇のように地下世界に下ってゆく。月の女神アルテミスや月の三体（満月 full moon・かけ月 old moon・新月 new moon）をかたどるヘカテの地下世界に。ハムレットは、三幕二場でヘカテのことを口走るが、ヘカテこそローマ的なキリスト教が魔女として弾圧した女神であった。

ケルト文化圏では、陰暦が陽暦とともに重視されている。マーキュリーの図に、月に片足を、太陽に片足を置くものがあるのは、そのためだ。月と太陽とをともに崇める文化は、月を狂気の原因とみなし（「狂気《ルーナシー》」はラテン語の「月《ルナ》」に由来する）、太陽を男性的な理性の象徴とし、母なる大地を理性で征服しようとするローマの文化とは決定的に違う。ケルトの文化は、十五夜にお月見をし、いざよう月を十六夜《いざよい》として愛で、卵入の蕎麦を月見蕎麦と形容するわが国の文化に通じている。

マーキュリーに象徴されるケルト的な何ものかに触れるハムレットは、人間の死体を大地に返す蛆虫のことを、宇宙のみごとな循環に従う「蛆虫女神 Lady Worm」（五幕一場）と呼んでいる。これは、カトリック教徒にも、プロテスタント教徒にも、決してありえない表現だ。マルクスは、このようなハムレットに衝撃を感じたに違いない。しかし、ローマ的な合理的知性に引き戻されてしまうのも、マルクスだった。

だからマルクスは、母なる大地の肥沃度を低下させ、宇宙の物質代謝をかく乱する近代農法を

「略奪農法」として批判したリービッヒ（一八〇三―七三）に脱帽するまではいいのだが、蛆虫や微生物による発酵を理解できずに化学肥料に未来を託したリービッヒを、批判することができなかったのだ（『資本論』一三章一〇節「大工業と農業」）。

注

（1）『資本論』、六五頁。
（2）同前、六五頁。
（3）同前、八一頁。
（4）同前、八一頁。
（5）『全集』、第六巻、二七頁。
（6）『全集』、第八巻、一九二頁。
（7）『全集』、第一〇巻、一八一頁。

第2章 ヘーラクレース的なマルクス

ヘーラクレースの頻繁な引用

マーキュリー的なマルクスについては後に詳述するとして、ここではヘーラクレース的なマルクスを、あらためて検討しておこう。

古代ローマ帝国で神と崇められたのは、怪物退治の英雄ヘーラクレースだ。シェイクスピアが『恋の骨折り損』で、「ヘーラクレースに誓って」（四幕二場）を「神に誓って」という意味で使っているのはそのためである。ケルト文化圏のガリアを「怪物・異物」として征服したジュリアス・シーザー（紀元前一〇〇頃―前四四）の『ガリア戦記』が象徴するように、ローマ帝国の領土拡大にふさわしい神は、怪物退治のヘーラクレースに他ならない。だが、この英雄は力ずくで相手をねじ伏せるだけではなかった。怪物の怪力の謎を解くような分析的知性を発揮するばかりでなく、川の水を引き入れて家畜小屋の汚物を清掃し、牧畜経済が要請する清潔さを実現するなど、きわめて合理的な「脱魔術化」の啓蒙活動を展開した。そうした英雄に魅了されたのであろう、マルクスは、大地母神の息子で人食いの怪物アンタイオスの怪力の謎を解き、怪物を退治するヘーラクレースを、くどいくらい幾度も引用した。

ヘーラクレースは、大地の女神を母とする巨人アンタイオスと格闘し、何度もこの巨人を投げつけた。しかし、巨人は母のふところに投げ倒されるたびに、新鮮な力を得て、前以上の力で跳ね起きた。ヘーラクレースはそれに気づくと、相手をかつぎあげ、降参するまで空中に差し上げていたという(1)。

一八世紀後半、イングランドに端を発する産業革命こそ、母なる大地とその子どもたちをねじ伏せるヘーラクレース主義の本格化であったことは疑いない。大地の子どもたちを工場の規律にねじ伏せるアークライト(一七三二—一七九二)を絶賛するユア(一七七八—一八五七)の『工場の哲学』を茶化した時のマルクスは、そのヘーラクレース主義をこそ標的にしているかに見える。ユアは、

「自動化工場の自動体系の諸要求と速度に適合する規律法典を考案し、首尾よく実施することは、ヘーラクレースにふさわしい事業であって、アークライトの高貴な業績である(2)」と語る。これに対し、マルクスは、アークライトを「一八世紀のすべての発明家のうちで、まぎれもなく他人の発明の最大の盗人(3)」だと揶揄し、彼の「高貴さ」を貶めた。だが、アークライトが盗んだ近代の発明そのもののヘーラクレース主義に異議を申し立てているわけではない。それどころか、「近代工業の技術的基盤は革命的である。それに比べれば、それ以前の生産様式はすべて保守的であった(4)」とまで語るマルクスは、距離を取ろうとしながらもヘーラクレースに取り憑かれていたのだ。

巨人アンタイオスの怪力の謎を解く「脱魔術化」の文化的英雄に未練があるからこそ、マルクスは資本を「魂を吹き込まれた怪物《ウンゲホイアー》 Ungeheuer(5)」と形容したに相違ない。これまで、マルクス解釈者たちは、資本を「怪物」と形容するヘーラクレース的なマルクスに踏み込んでこなかったが、このマルクスの一面を私は重視する。ローマ的な合理的知性に未練のあるマルクス、それが私の出発点なのだ。

アンリ四世の引用

そこで、先に問題にした女将クイックリーと連動したマルクスの引用を参照し、ヘーラクレース的なマルクスの一面を浮き彫りにしてみたい。その場面は、亜麻布が上着を鏡にして自分の価値を表現する、『資本論』第一章「商品・貨幣」論の第三節だ。そこに、アンリ四世（一五五三―一六一〇）の物言いが引用されているのだが、アンリ四世の名も、ヘーラクレースの名も挙げられていない。しかし、この物言いは、「ガリアのヘーラクレース」[6]を自称した（それはコインにまで

「ガリアのヘーラクレースとしてのアンリ4世。シャルトルに奉献の後、流布された版画。」
（フランシス・A・イエイツ『星の処女神とガリアのヘラクレス』西澤龍生・正木晃訳、東海大学出版会、1983年より）

記され庶民レベルにまで知られていた）アンリが、「ガリアのヘーラクレース」たらんとして「決死の跳躍」を決意した際の物言いであって、明らかにヘーラクレースが問題となっていたのだ。マルクスほどのフランス通がこの事実を知らないはずはないのである。

マルクスは、第三章の価格論で「命がけの飛躍」を論じたとしても、初版『資本論』では、第一章「商品・貨幣」論では「命がけの飛躍」について一切触れていなかった。ところが、再版では、まさに第一章で、アンリ四世の「決死の飛躍＝命がけの飛躍」に言及せざるをえなかった。それほどに、商品の「価値・価格」は、つかみどころのないものとして、マルクスを脅かしていたのだ。

あらかじめ強調しておきたいことがある。それは、先ずアンリがカルヴァン派プロテスタントで、カトリック国フランスではユグノーとして軽蔑されていたが、カトリックの儀式ミサに参列して改宗を偽装したこと（一五九三年）である。また同じプロテスタントのエリザベス女王と同盟を組もうとしていたアンリが改宗して裏切ったために、エリザベスが神経を尖らせていたことである（一五九三―九四年）。

だが、もっと重要なことは、そうした歴史的文脈の中で、シェイクスピアが、アンリを主人公とした『恋の骨折り損』（一五九五年か）を上演し、王のヘーラクレース主義を茶化したこと、また『ハムレット』（一六〇〇年か）では、ルターの創建したプロテスタントの牙城ウィッテンブルク大学にハムレットを留学させ、そのハムレットがプロテスタントのヘーラクレース主義を揶揄するような舞台を設定したことだ。要するに、アンリ四世の偽装改宗は、『ハムレット』とも絡む事件だった。

マルクスが引用した、その有名な物言いは、こうだ。

パリもやっぱりミサに値する！ Paris vaut bien une messe!

マルクスは、亜麻布と上着との価値関係を論ずる核心部分で、アンリ四世の名も挙げず、唐突にこの物言いを引用した。これは私も含めて多くの読者を困惑させるものではなかろうか。とくに、亜麻布がその肉体で語る商品語を、この引用で例示しながら、亜麻布の位置にあるパリがその商品語を語るものではなく、動詞「値する」が語るものだとするに至って、困惑は極まる。この謎めいた舞台の裏側に入りこもう。

この物言いは、宗教戦争の危機のさなかに発せられた歴史的に重要な物言いである。ルターの宗教改革に端を発し、カトリック国フランスでも、一六世紀の後半、ほぼ四〇年にわたって八回もの宗教戦争が繰り返された。この怪物的な宗教戦争をねじ伏せようとしたアンリがヘーラクレースを自称したとしても不思議はない。ただし、なぜフランスではなく「ガリア」のヘーラクレースと表現したのかには、こだわる必要がある。その点については、後述する。

アンリがミサに値するとしたパリの重みに注目しよう。ほとんどカトリック教徒に占拠されたパリを奪還しないかぎり、フランスの統一は不可能であった。怪物的な宗教戦争をねじ伏せ、フランスの統一を目論む「ガリアのヘーラクレース」としての、彼の下心を担っていたのがパリだったのだ。とりあえず、そのことを確認しておきたい。

アンリ四世は、カトリシズムのミサに参列してカトリシズムに乗り換えた。その時、彼はカトリシズムを裏切ったばかりでなく、実はプロテスタンティズムをも裏切り、ローマ帝国に征服されたガリアを再興するヘーラクレースになろうと決意していたのだ。だから、彼の魂は、偏狭なプロテスタントの魂ではなく、マルクスには「世界市民」の魂に見えたのだった。

ここで、必要最低限、『資本論』の文脈に触れておこう。パリとカトリックの儀式ミサとを等値する、このパリの価値表現の主体はアンリ四世である。この事実は、マルクスが演出した価値表現に表現主体が明示されていないのと対照的である。マルクスは、価値の表現主体を登場させると、「貨幣語（価格語でもある）」しか語らないことを恐れ、腹話術師のようにふるまう。二〇反の亜麻布をうぶな娘にし、金モールで飾られた一着の上着を、アバタ面で胸襟を開かない気取った男（フランス語版『資本論』）にして、二人の恋の道行きの場面を演出し、亜麻布嬢の語りをマルクスが腹話術で語るのだ。

通常の価値表現では、表現主体が、金モールで飾られた上着は高価だから、安価な亜麻布二〇反には、三着ではなく一着の「値打ち」しかないと判断して、「二〇反の亜麻布は一着の上着に値する」と表現する。だから、アンリ四世を主体とする価値表現「パリもミサに値する」（この価値表現には量の規定はないが）こそ、本来の価値表現に近いのである。

パリに商品語を語らせるマルクスの「分裂」

マルクスの演出では、亜麻布嬢と上着氏との写し写される価値関係の中で、亜麻布嬢は「貨幣語」ではなく「商品語」を語ることになっている。なぜそうなったのか、そのいきさつを簡潔に紹介しよう。

マルクスの狙いは、亜麻布嬢が上着氏を自分の価値の鏡とする単純な関係に、貨幣（ひいては価格）発生の秘密をヘーラクレースのように明らかにすることであった。亜麻布嬢は、「あるのか、ないのか、分からない」「亡霊のような対象」である自分の価値を、取り澄ました上着氏に思わず押しつけてしまう。押しつけられた上着氏は、金モールで飾られていなければただの平凡な男なのに、まるで貨幣のように「何とでもすぐに交換できる」「物神《フェティッシュ》」に変身してしまう。そのために、亜麻布嬢の目には、上着氏は、何とでもすぐに交換できる貨幣のように見えるのだ。こうして、亜麻布嬢は、一着の上着氏ばかりでなく、一〇ポンドの茶君や、四〇ポンドのコーヒー君等々と片思いの「プラトニック・ラブ」を繰り広げ、その挙句の果てに、自分の崇高な美しさに気づく逆転劇によって、貨幣たる「金《ゴールド》」の位置に立つ。このヘーゲル流の「美わしき価値魂」の逆転劇によって、マルクスは貨幣の生成を描きだした気になっているのだ。ここには、既に成立している貨幣の言葉（価格語）を語る亜麻布嬢を、商品語を語る人形のように操るマルクスの姿を見ることができる。だから、亜麻布嬢の語る商品語は、貨幣語の替え玉だったのだ。

このマルクスの替え玉作戦は、アンリ四世の物言い「パリ＝ミサ」の解釈にも反映している。マルクスは、商品A（亜麻布、パリ）と商品B（上着、ミサ）との等値は、商品A自身の価値表現だとしながら、商品語はフランス語動詞「値する valoir《ヴァロアール》」だと主張する。パリや亜麻布がその肉体で語る言葉こそ商品語であるはずなのに、マルクスはほとんど貨幣語しか語らない動詞を強引に商品語だと言い張っているのである。だが、フランス語動詞「値する」は、例えば、「この時計は一〇〇〇フランです。**Cette montre vaut mille francs.**」のようにもろに貨幣語を語るのだ。

だから、マルクスは、いわば分裂しかかっているのである。動詞「値する」を商品語とするマルクスは、ほとんどカトリックに占拠されたローマ的なパリと、ローマン・カソリックの儀式ミサとの等値に、「崇高な価値」つまり「抽象的な人間労働」を見出す方向に向かう。これは、マルクスのヘーラクレース的側面を示す。しかし、パリを商品語とすれば、ヘーラクレースも手を焼く癖のあるパリの「生皮」が浮かび上がり、パリの背後にローマに制圧されたガリアが感じられてくる。念のため、マルクスの物言いの中で、ローマ的な貨幣語の「側面」を示すものと、商品のなめされていない・飼いならしがたい「生皮」に触れているものとを、参照しておく。

ちなみに、ドイツ語の「生皮《ハウト》Haut」は、シェイクスピアが『ヘンリー六世』と『ハムレット』とで絶妙に駆使した英語の「生皮《ハイド》hide」を受けており、ここにもハムレットが顔を出していることに注意しよう。

上着がひどいアバタ面で胸襟を開かずに登場しているにもかかわらず、亜麻布は上着に価値に満ち満ちた妹の心を再認識《ル・コネートル》してしまっている。これは、事態のプラトニックな側面 le côté platonique である。(7)

上着がボタンをかけて胸襟を開かずに登場しているにもかかわらず、亜麻布は上着に同族の美わしき価値魂を再認識《エア・ケンネン》してしまっている。(8)

…亜麻布は、自分にだけ通じる商品語で、…自分の崇高な価値対象性、人間労働の抽象的属性が、糊がきいてゴワゴワした自分の肉体と異なっていることを語る。(9)

以上の引用から、亜麻布が語る商品語は、地方語のなまりを欠いていて、ローマ的な「崇高な価値」「同族の価値魂」を表現していることが分かるであろう。しかも、これは「プラトニックな側面」でしかないことも。さらに、フランス語版の「妹の心」に至っては、父権的な制度内部のプラトニック・ラブを示してはいても、どこか母性的なものを暗示している。しかし、この点には深入りしないことにする。

亜麻布嬢は、上着氏と肉体的交渉（交換）をする以前に、上着氏の外観から、高価であろう、「崇高であろう」と、貨幣語（価格語）で、上着の価値を再認識してしまっているのだ。認識に付されたル（フランス語）、エア（ドイツ語）は、価格を尺度とした認識のあり方を示していることに留意されたい。では、「別の側面」とは何か。それは、「生皮」として、亜麻布が語る商品語なのだ。

> 商品の生まれつきの形態が（亡霊のような）価値の形態になる。だが、注意せよ。こうしたキドプロコが上着に生ずるのは、亜麻布が思わず踏み込む上着との価値関係の内部でしかない。どんな商品も、…自分自身の生まれつきの生皮 Haut を自分の価値の表現にすることはできないのだから…他の商品の生まれつきの生皮 Haut を自分の価値の形態にせざるをえないのだ。[10]

引用文中のキドプロコと「生皮」については、シェイクスピアと関連づけて、第9章で詳述する。次章では、少なくともパリの「生皮性」について、問題を提起するであろう。

先に触れたように、マルクスは、商品の価値を、価格（貨幣語）に汚染されない「抽象的人間労働」で裏づけようとしていた。したがって、亜麻布が上着を鏡とする価値関係でも、亜麻布は貨幣語を語っては困るのだった。そこで、マルクスは、亜麻布が「自分にしか通じない商品語」で、つまり亜麻布の肉体が語る言語で、「崇高な価値」を思わず洩らすような舞台を設定する。その時、その「崇高な価値」を表現するには、カトリックであれプロテスタントであれ、（偏狭な）キリスト教徒の神に従順な「羊のような本性」を持った亜麻布では力不足だった。

> 上着が亜麻布の等価物となる価値関係では、上着が価値を受肉する形態として通用する……亜麻布の〔ある《ザイン》のか、ないのか、分からない〕価値存在《ザイン》 Wertsein が上着との同等性において現れるのは、キリスト教徒の飼いならされた羊の性質が、神の子羊〔イエス・キリスト〕との同等性において現れるのと同じである。[11]

この偏狭なキリスト教徒の亜麻布に代わって、世界市民としてのアンリ四世が、パリで「崇高な価値」を表現する役目を負わされたのだ。

ローマに引き戻されるマルクス

では、パリで表現された「崇高な価値」とは、何なのか、それを明らかにしておこう。「崇高な価値」とは、「国民的制服」としての価格を脱ぎ捨てた「世界貨幣」（金の地金《じがね》）で、みごと「抽象的に」表現されるものであり、ローマの普遍性に通じるものであり、「寛容な」ローマ的平和のヘーラクレース主義に通じるものである。

貨幣が世界貨幣に発展するように、商品所有者も世界市民《コスモポリタン》に発展する。[12]

貨幣は、国内の流通圏から外へ歩み出るとともに、…局地的形態を再び脱皮し、貴金属という本来の地金形態に逆戻りする。…世界市場においてはじめて、その現物形態が同時に抽象態の *in abstracto* 人間労働をそのままに具現する社会形態として貨幣が全面的に機能する。貨幣のこうした現物のあり方こそ、貨幣の概念にふさわしいものとなる。[13]

これは、マルクス自身の世界市民主義の表明でもあり、マルクス主義者が「国際主義《インターナショナリズム》」と思い込んだ理念の根であり、今日のグローバリズムに通じるものである。「抽象態の」がラテン語で強調されていることに注意すれば、価値の「崇高な抽象性」にこだわるマルクスこそ、ローマにこだわるマルクスであることが明らかになるであろう。

先祖伝来の「偏見」にしがみつく周辺の諸民族を征圧し、その上で「寛容」を示し、恭順を誓う指導者たちをローマ市民として受け入れたローマの寛容精神は、パクス・ロマーナ（ローマ式の平和）として有名であるが、その世界市民主義はトリーア生まれのマルクスに染み込んでいたのである。

ユリウス・カエサル（ジュリアス・シーザー）に始まるローマ帝政は、現代の高速道路に匹敵する街道のネットワークを張り巡らせていた。支線から私道まで含めれば三十万キロにもなる街道は、スピードを旨としてできるだけ平坦で直線的で舗装されている点で、近代の交通のルーツとなった。五万人を収容するローマの巨大なコロシアムも、現代のオリンピック・スタジアムの原型であり、天空に届かんとするローマン・カソリックの大聖堂も現代の摩天楼の原型であろう。それほどに、ローマは近代を用意するものに満ち満ちている。

しかし、もっとも根源的なものは、月の世界を太陽の世界とともに重視してきた古代世界から離陸する太陽暦の創設であり、土着的な言語を「普遍的な」言語としてのラテン語の支配下に置

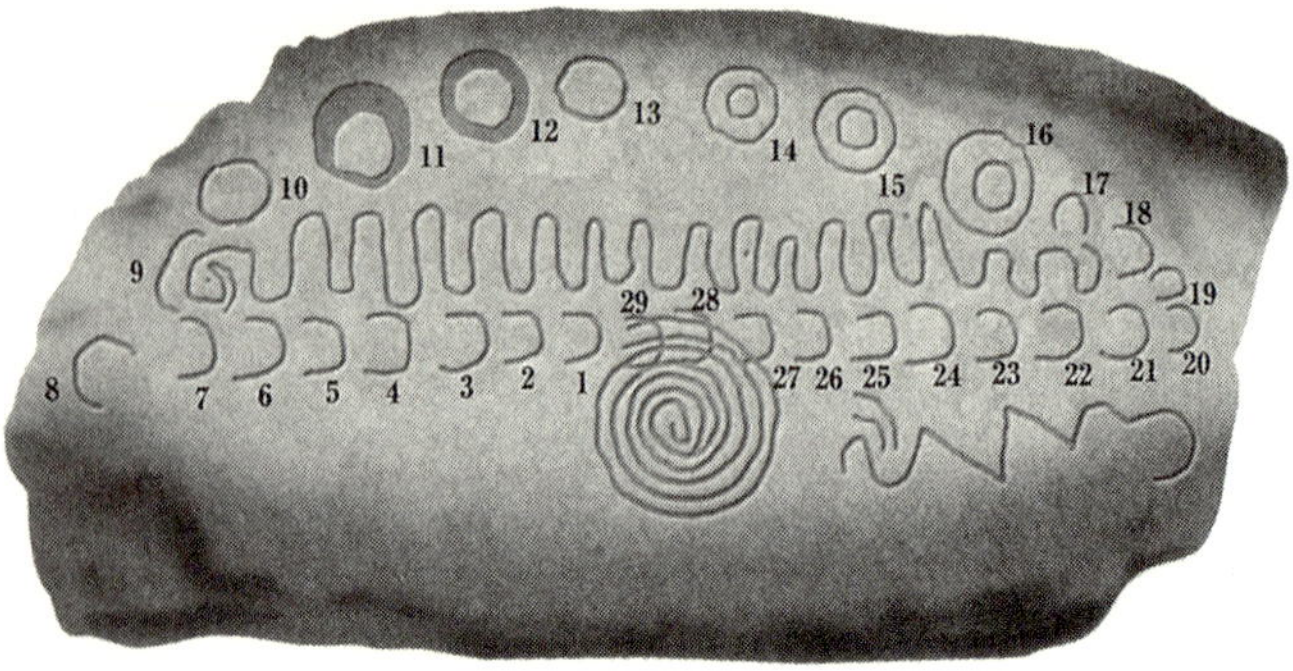

「大マウンドの縁石のSW22番という番号がふられた岩の模様には、29日間の月の満ち欠けの変化が順番に記されているのだ。三日月で始まり、15日目に満月になり、新月の前後は渦巻き模様に隠れるようにして描かれている。

月の満ち欠けは上下に波打つ模様と組み合わされているが、それらは月の満ち欠けの周期を振幅で示したもので、つまり全体が月のカレンダーのようなものだと考える人たちがいる。また、月のカレンダーの岩の他にも、縁石には日時計のような形の、やはり太陽か月の動き、あるいは変化を図示したような模様がある。

こうしたタイプの石彫はボイン渓谷を中心として、周辺の同時代のいくつかの墳墓の中に見られる。」

（山田英春『巨石——イギリス・アイルランドの古代を歩く』早川書房、2006年より）

く地ならしとしての基軸通貨の確立であった。紀元前四六年、カエサルは、基軸通貨を確立し、太陰暦を廃止し、「正確な」暦ユリウス暦を制定する。問題は、これらの手段を用いて、カエサルが「中央集権と地方分権が適度にミックスした」「コスモポリス（世界帝国）」を築きあげようとしたことである。(14)

マルクスのローマびいき的側面を確認し、アンリ四世のヘーラクレース主義に飛びつく素地を明らかにした上で、なぜパリがローマ的貨幣語ではなく商品語を語るのか、パリがマルクスの思惑さえ超えて語るものは何か、探りを入れてみよう。

注

(1)時事論文「チャーティスト」、一八五四年八月、『全集』一〇巻、四〇八頁。その他『フランスにおける階級闘争』などに同じ引用がある。
(2)『資本論』、一三章「機械装置と大工業」、七三三頁。ユア『工場の哲学』の引用。
(3)同前、同頁、脚注一八九。
(4)同前、八三七頁。
(5)『資本論』、五章「労働過程と価値増殖過程」、三三三頁。
(6)「アンリ四世お気に入りの心像《イメジ》は、ヴィヴァンティの力説するところによれば、戦争と不和を雲散霧消せしめた者としての、またその中でこそ文明も華ひらいてくれよう帝国の平和を回復してくれた者としてのガリアのヘーラクレースのそれ〔図版25ａ〔本書三三頁〕参照〕であった。」フランシス・イエイツ（一八九九―一九八一）著『星の処女神とガリアのヘラクレス』西澤龍生・正木晃訳、東海大学出版会、一九八三年、一八〇頁。「ガリアのヘーラクレース」という表現は、ハインリッヒ・マン（一八七一―一九五〇）の小説『アンリ四世の青春』『アンリ四世の完成』（共に晶文社）にも、フランソワ・バイルー（一九五一―）の書物『アンリ四世』にも、渡辺一夫の研究にも一切出てこない。イエイツは、ヴィヴァンティ Corrado Vivanti（一九二八―二〇一二）の論文 Henri IV, the Gallic Hercules（アンリ四世、ガリアのヘーラクレース）, *Journal of the Warburg and Courtauld Institutes*, XXX（1967）を参照している。「図版25 a」は、かなり流布した「ガリアのヘーラクレース」の図版であり、マルクスほどのフランス通が知らないはずはないであろう。

（7）フランス語版『資本論』上巻、二二頁。強調は、引用者。

（8）『資本論』、八八頁。

（9）同前、八九頁。強調は引用者。

（10）同前、九七頁。

（11）同前、八九頁。

（12）『経済学批判』（一八五九年）、国民文庫、一九九頁。

（13）『資本論』、二四二頁。

（14）塩野七生『ローマから日本が見える』、集英社インターナショナル、二〇〇五年、二二六頁。

第3章 ガリアのヘーラクレース、アンリ四世

アンリ四世の出生

先ずは、アンリ四世の側近のトップ、ロニー侯（一五五九―一六四一）が、改宗の戦術を王に迫った時、語ったとされる物言いを参照しなければならない。そして、その物言いを、アンリ四世自身が語ったとされる「パリもミサに値する」と比較しなければならない。

渡辺一夫（一九〇一―七五）によれば、アンリ四世の信頼を一身に集めたプロテスタントの重臣ロニー侯、後年のシュルリー公が、ハムレットのように思い迷っているアンリ四世に向かって、「大局的政策的見地」から発した進言だという。『産婦のおしゃべり』（一六二二年）と題する作者不詳の

風刺書には、ロニー侯がアンリ四世に向かって、こう語ったとの記事が載っているというのである。

王冠は確かにミサに値する。　La Couronne vaut bien une messe.

渡辺は、このロニーの進言を、「王位を手に入れるためだったら、改宗して旧教のミサぐらい平気であずかるべきだ(1)」と解釈している。この進言が、「平気で」採用しうる政治的方便を示唆するものであることに、注意しなければならない。アンリの父が「乗り換え上手」とあだ名され、政治的な方便としてプロテスタントとカトリックの間を自在に行き来したことから、アンリ自身も「乗り換え上手」と見なされがちであった。だから、ロニーのこの進言を受け入れ、「平気で」改宗を偽装し、「パリもミサに値する」と言い放ったヘーラクレース的英雄が、アンリだとの相場が成立する。

ところが、父がブルボン王朝の血を引くのに対し、アンリはナヴァールの血が濃いと見なすことができるとしたら、事情は違ってくる。渡辺一夫の貴重で重厚な著作では触れられていない情報を、先に提供しておきたい。

彼の祖父アンリ・ダルブレ（?―一五五五）は、ベアルンの君主にしてナヴァール王であった。ピレネー山脈の麓のベアルン、ナヴァール王国の中でも豊かな土地柄のベアルンについて、フランソワ・バイルーは、一種独特な自治政体であったことを強調している。

独立心に富んだこの地方の政治生活は、驚くべきことに住民の人間関係に影響し、一種の民主的な色彩を与えているのである。アンリ四世は、その人生の最も緊張をはらんだ、最も屈辱的な瞬間にさえ、ベアルンに古くから伝わる「ベアルン人は貧乏だが、頭《こうべ》は垂れない」という諺を忘れることはなかった。(2)

我々は、一千年紀初頭に生まれたベアルンの制度の独創的でほとんどほかに類を見ないような特徴にこそ、アンリ四世の民主主義的素養の起源を求めなければならない。アンリ・ド・ナヴァールは、数世紀来一種の共和国を支配してきた、ヨーロッパでは唯一の家柄の生まれなのだ。(3)

さらに、バイルーは、母方のナヴァールと父方のブルボンの確執の中に生まれたアンリについて、こう述べる。

フランスとスペインの狭間に置かれたピレネーの国の自由と本質を守るよう、一族から運命づけられたいわば天与の君主、兄の死と相前後して生まれた弟、ナヴァールとブルボンという二つの家柄のあいだの無言の確執のもととなり、さらに両親の激しい憎みあいの原因となっていく子どもアンリ…演出化された誕生の目的は、この子がナヴァール家を再興することを、人々に焼き付けることだった。…運命の歯車は思いもかけない方向に回り…彼の征服事業はピレネーの南ではなく北方でなされたし、ナヴァールが広大なフランス王国を支配するに至るのは、ブルボンの血統を通じてである。とはいえ、この子どもの感性にある幾つかの特徴（事態にたいする冷静な距離、自由な生にたいする飢餓感、宮廷において付けられたあらゆるレッテルにたいする超然たる態度など）のうち、一体どれが誕生時に与えられたピレネー・ルネサンスの遺産のなかから彼が受け入れたものであるかは誰にも分からないであろう。(4)

アンリの出生の解説が長くなりすぎたが、それもアンリにまつわりつくイメージを払いのけるためである。フランス史を見通す資格は私には無いに等しいのであるが、アンリがパリ生まれではなく、ピレネーという辺境のベアルン生まれであることにこだわりたい。しかも、大胆に言うことを許されれば、ベアルンにはケルト的な何かがあって、「ガリアのヘーラクレース」としてのアンリにはガリア=ケルト的な何ものかが臭うと言いたいのだ。

「パリもミサに値する」の奥行き

強調したいことは、ロニー公が進言した「王冠は確かにミサに値する」という物言いに象徴される「平気で」採用しうる戦術が、「決死の跳躍」というイメージにそぐわないということなのだ。アンリは、父親譲りの「乗り換え上手」「改宗常習者(5)」ということになっており、幾度もカトリックに改宗した。シェイクスピアが『恋の骨折り損』で、ナヴァール王アンリを誓約マニアとし、しかもすぐ破棄してしまう軽薄な王として茶化したのも、「乗り換え上手」のイメージに依拠していたに違いない。

アンリの父親アントワーヌ・ド・ブルボン(一五一八―六二)は、「国王アンリ二世の顧問の一人で、王の少年時代から仕え、大将軍でもあった。その家柄は世に広く聞こえ、遠く聖王ルイの直系につながっていた(6)」という。

フランス王家の直系である父親と対照的なのが母親であった。アンリの母親ジャンヌ・ダルブレ(一五二八―七二)は、「父方から見た場合、ナヴァールの王妃、つまりフランスからは独立した一国家の継承者(7)」であり、「一徹な新教徒として一生を貫き通した(8)」という。

父アントワーヌは、「妃とは反対に、新教会と旧教会との間を行きつ戻りつして、その出処進退はかなり曖昧だった。それは、このブルボン公が、斜陽化していたブルボン家の再興という名目で、立身出世を志し、その間、新教と旧教とを使い分けた気味があったからである」というわけだ。[9]

アンリが、ブルボン家再興の線に沿って、同志のプロテスタント・ユグノーをも裏切り、改宗を「偽装する」ことでカトリックも裏切り、怪物的な宗教戦争そのものをねじ伏せる「ガリアのヘーラクレース」たらんとしていたとしたら、どうだろう。ロニー侯の進言に従って王位を手に入れるためにミサに参列し転向を「偽装する」ことは、父親譲りの常習的な平然として採用しうる戦術だということになろう。そうした戦術は、「決死の跳躍」とは言いがたいのではなかろうか。

重臣ロニー（シュルリー公）が進言した「王冠は確かにミサに値する」の主語は、定冠詞が冠された「王冠」、王位をストレートに示す輪郭の明確な主語である。ところが、主語が不気味なパリとなれば、事情は違ってくる。パリは、有名な都市の名前だから冠詞がないのは当然であるとしても（後述するように、無冠詞にも深い意義があるのだが）、定冠詞つきの「王冠」が穏やかに「王位」を指すのと比べると、無冠詞のパリの挙げ方には容易ならざる屈折、「決死の跳躍」にふさわしい屈折が感じられはしないだろうか。その屈折を表現するために、アンリ自身の物言いとされる「パリも確かにミサに値する」を私なりに翻訳するとこうなる。

さしものパリも、ミサに参列すればどうにか手に入る！

ハインリッヒ・マンの歴史小説『アンリ四世の完成』を取り上げよう。そこには、アンリ四世が「そしてパリだが――おれは生きている限りこれを征服することを続けなければならぬ(10)」という重苦しい言葉を吐いたとある。実際、パリは、アンリ四世にとって、ヘーラクレースのようにねじ伏せるだけでは済まない不気味さを湛えていたのだ。言い換えれば、ヘーラクレースの父性原理ではねじ伏せようがない何かがパリにはあったということである。

ハインリッヒ・マンの小説の半分を費やして言及されている女性、晩年の渡辺一夫が全力を挙げて主題とした女性、「麗しのガブリエル」と称賛されながら「売女《ばいた》」と軽蔑もされたガブリエル・デストレ（一五七一？―一九九）が、アンリ四世のあの物言いには深く絡んでいたのである。例のフォールスタッフの物言いに、居酒屋の女将クイックリーが「生々しく＝クイックに」絡みついていたのと同じである。マルクスは、パリの位置に、亜麻布「孃」を置いた。亜麻布を男性にしてもいいはずなのに、うぶな娘にするような演出をしたマルクスが、「麗しのガブリエル」を気にしていた可能性は皆無ではないだろう。

この愛人、アンリが寵愛した姫（寵姫《ちょうき》）を、マルクスが知っていたことを示す証拠はない。しかし、現代の有名な人名辞典、プチ・ロベールにも載っているほどに有名だった女性の存在を知らなかったとは思えない。プチ・ロベールには、こう書かれている。

Gabrielle d'Estrées ガブリエル・デストレ（一五七三―パリ一五九九）。砲兵隊長にしてイル＝ド＝フランス〔パリを首都とする旧地方名〕の司令官アントワーヌ・デストレの娘。彼女はアンリ四世の愛人となったが、アンリ四世は彼女を〔サヴォア地方〕ボーフォールの公爵夫人とした。彼女はアンリ四世の正妻になる気でいたが、急死した。王の庶子三人を残したが、その長男がセザール・ド・ヴァンドーム〔一五九四―一六六五〕である。（le petit Robert 2, p. 615.）

あまりにも簡単すぎる紹介であるが、要所は押さえてある記述だ。その要点を衝くためにバイルーの記述を参照する。

ガブリエルは、ナヴァール王の領地に属する城塞都市ラ・フェールの元総督、アントワーヌ・デストレの娘として生まれた。一五九〇年、一七歳という若さにもかかわらず、すでに幾つかの恋の体験をしていたガブリエルとアンリは初めて知り合った。彼女の恋人ベルガドは、もとアンリ三世の寵臣《ミニヨン》の一人で、そのときは新王アンリ四世の部隊に属していた。彼はうかつにも、ガブリエルの並外れた美しさを盛んに吹聴して王の好奇心をあおり、アンリはその性向に従い、部下の恋人に恋慕するようになった。…ところが、美女は彼の申し出をこ

伝ガブリエル・デストレ（右）とその妹（フォンテーヌブロー派）
（『渡辺一夫著作集』第14巻、補遺下巻、筑摩書房、1977年）

とごとく拒否した。そして、ベルガドにあくまで執着し、王のやり方に憤慨して実家に引きこもってしまった。…アンリは呆然とした。どんな敵を見ても驚いたことのない王が、恋人の怒りにただ驚くばかりで、どうしてよいか分からなくなってしまった。…拒めば拒むほど情熱は高まる。アンリはもう、宮廷きってのさっそうとした若者ではなかった。彼は、絶え間ない戦争と騎乗によって早く老け込んでしまった四〇代の男でしかなかった。…しかし、彼は王である。ガブリエルの父をイル＝ド＝フランスの司令官に任命することによって、彼は美女の抵抗を抑えた。一五九二年、娘は便宜上の配偶者と結ばれた。夫は、人も知る性的不能者である。ピカルディ出身のニコラ・

ド・リャンクールというこの貴族のおかげで、どうやら体裁は悪くなくなったし、彼女を恋敵から守ることもできた。戦場から戦場を回り、都市から都市で攻防戦を繰り返すアンリは、愛の情熱に触発されて熱心な手紙を再開した(11)。

こうして、アンリ四世は、ナヴァールと縁のあるこの「麗しのガブリエル」を寵愛するに至る。その際、目配りしておかなければならないことは、アンリの最初の妻マルグリット・ド・ヴァロア〔マルゴ〕(一五五三―一六一五)が、何度かの分別を欠いた行動の挙句、城に閉じこもり、離婚の交渉が続けられていたことだ。マルグリットとの間に子がなかったから、ガブリエルの出産はアンリにとって願ってもない世継ぎの誕生ということになる。しかも、ガブリエルは、ベルガドとの恋もあり、政略的なリャンクールとの結婚ということもあるから、王アンリが彼女と結婚することは難事も難事だった。現に、ガブリエルは、王に影響力を持てば持つほど、「売女」と軽蔑されることになる。

陰口など気にしないアンリは、ひたすら子どもを認知したいと願い、庶子であるセザール・ド・ヴァンドームをブルボンの家系に入れる異例の文書を、高等法院長のアシル・ド・アレルールに作成させる。

もちろんこの文書は、王位継承権を与えるものではないが、少なくともガブリエルはこれにより、パリ高等法院によって公認された愛妾となったのだ[12]！

いまや彼女は、王の最高顧問となり、彼が「秘密や悩みを打ち明け、親密で優しい慰藉を受けるために」(cité par P. de Vaissière) 身近に置きたがる存在となっていた。…アンリが棄教する際、ガブリエルが決定的な役割を果たしたと多くの人々が考えていた。…こうした彼女の最高顧問的役割は、王の愛人にたいしてライヴァル意識と嫉妬に満ちた、シュルリーが示しつづけた反感からも証明されていることである[13]。

ここで、渡辺一夫に登場してもらおう。渡辺は、例の「パリも確かにミサに値する」がアンリの物言いであったかはっきりしないが、「決死の跳躍」(渡辺は「トンボ返り」としている)はガブリエル・デストレ宛のアンリの書簡に明記されていることを教えてくれる。

渡辺の大部の随筆めいた論集の第五項「アンリ四世が寵姫ガブリエル・デストレに『トンボ返り』を予告したこと」には、あの改宗の一五九三年七月二五日直前、七月二三日付、パリ北郊の町サン・ドニから彼女に宛てた有名な書簡が引用されている。そこには、こういう一節がある。

この日曜日に、余はトンボ返りSaut périlleux〔文字通りには「危険な跳躍」〕を一つ打つことにする。(14)

渡辺は、この典拠のはっきりした「トンボ返り」「決死の跳躍」について、単なる戦術的方便に尽きない何かを感じて、こう述べている。

新教徒として迎えた最後の朝に、アンリ四世が、長年苦労をともにした新教の牧師たちに、泣きながら別れを告げたということは、「改宗常習者」めいた王にとっても、今度の改宗がどのくらい辛いものだったかを物語るかもしれないし、「トンボ返り〔決死の跳躍〕」を打つという洒脱な表現の裏に、様々な危険と精神的苦痛とがあったことをも暗示しているかもしれない。(15)

この慎重だが示唆深い渡辺の表現を、是非とも記憶していただきたい。さらに、ロニー侯の改宗の進言が、便法でしかなかったこと、つまり「決死の跳躍」にふさわしいものではなかったことを、確認しておきたい。

既に触れたロニー侯(シュルリー公)が、思い迷っている王に向かって、いわゆる大乗的政策的見地から次のように言ったという文献は残されている。――（旧教の）ミサにあずかりに行かれるようにと私からお勧め申し上げることは、当宗門（新教）に属しております私にご期待なさるべきではないように思われます。さは申せ、こうは申し上げましょう、そうなさることは、一切の奸悪な企てを雲散霧消せしめる最も手短な最も容易な方法でございますと。[16]

重要なことは、「最も手短で最も安易な方法」として改宗を偽装することを意味する「王冠＝王位はミサに値する」という余裕ある表現と、「パリもミサに値する」という大見得を切っているようで実は余裕を欠いた表現との差異なのだ。主語に付された日本語の助詞「は」と「も」の差異に敏感であれば感じられてくる両者の差異について、さらに探りを入れなければならない。そうしてこそ、シェイクスピアが『ハムレット』で駆使したキドプロコの世界により接近しうるであろう。マルクスは、『資本論』初版の序文で、「実際、この場合には、細かい詮索が肝要なのである」[17]と明言しているが、私の差異の詮索もマルクスに倣ったものである。

父性の代わりに母性をつかまされる

そこで、典拠が明らかでない「パリもミサに値する」ではなく、「トンボ返り＝決死の跳躍」

の裏を問題にする渡辺の推理に踏み込もう。その主題こそ、かのガブリエル・デストレというアンリの「寵姫」なのだ。この絶世の美女に接近する困難を先ず確認したい。渡辺は、政略結婚によってアンリの王妃となったマルグリット・ド・ヴァロア、通称マルゴ王妃とガブリエル・デストレとの比較を通じてその困難を洩らしている。

マルグリットはカトリックを貫き、アンリと相性が合わなかった。アンリが離婚しようと思ってもローマ教皇の許しがなければならないという事情を楯に取り、ガブリエルが愛妾と分かってからはなおさら離婚に抵抗する厄介な正妻であった。マルグリットがアンリ三世の妹でありれっきとした大貴族で教養があったのに対し、ガブリエルは田舎貴族の教養のない娘でしかなかったことも重要であるが、前者がカトリックを貫いたのに反し、後者は「宗派は二の次三の次」という庶民的感覚の「平和」愛好者であったことはもっと重要である。いずれにせよ、アンリ四世が正式にフランス国王となり離婚に至るまでの五年間だけ名目上の王妃であったマルグリット妃が「王国なき王妃マルゴ」と呼ばれたのに対し、王妃の座に着く一歩手前で急死したガブリエル・デストレは「準王妃」と呼ばれ、常に対比されてきた。[18] 以上の対比は、記憶しておくべきことであろう。

ガブリエルは…マルゴ公妃などのように、高い教養も受けず、豊かな文才にも恵まれていなかった。その結果、ガブリエルの筆になったものとしては、後世に伝わるような作品はおろか、書簡集すら残されていない。従って、彼女の内面生活を窺う資料は皆無であり、彼女の生涯を外から眺める限りにおいては、自分の肉体を餌にして王妃の座を狙い続けた虚栄と野心の権化にも見える。…しかし、やや別な見方もできないこともない。マルグリット妃(マルゴ公妃)との不幸な結婚以来、長年にわたる戦乱と政争とに揉み抜かれ、憂悶と疲労とを漁色〔女あさり〕にまぎらしていたアンリ四世にとって、ガブリエルは、家庭的な安らぎを味わわせてくれた最初で唯一の女性だったとも言える。「美しくて愛嬌もあり、あまり嫉妬深くもなく、機嫌も良く、静かに生活する女性」が、アンリ四世は必要だったが、ガブリエルはほとんどそれに該当した、とサント＝ブーヴ〔一八〇四―一八六九〕も言っている。…ガブリエルに虚栄心や野心が皆無だったとは言えないとしても、虚栄や野心しかない他の女性たちにはなかったものが、ガブリエルにあったことを認めてよいかもしれない(19)。

ここで、確認すべきことは、渡辺のガブリエルの「はかなさ」「うめき声」への思い入れの深さである。それを示す、この長大な論集の冒頭の言葉を参照しておく。

…同じキリスト教徒同士が、同じキリストの名を唱えつつ憎み合い殺し合っている惨澹たる舞台へ突然現われ出て間もなく消え去った一女性のはかない幻の残像のあわれさのために〔本論集を書いたの〕だったと言ってもよい。そして、これは一片の感傷だけに止まらず、ガブリエル・デストレの幻は、動乱の折にはかなく消えてゆく数限りもない人間の幻の一つだったということも今更のように悟らせるのである。[20]

…無情な政略結婚の圧力に弾き飛ばされた一人の平凡な女性のうめき声が聞こえてくるような気がするし、そのうめき声には、絶対王権確立の緒を握りつつ、政略結婚の締木に挟まれざるを得なかった王自身の深い吐息が混じっているように思われるのである。[21]

はかないガブリエルの「うめき声」に混じったアンリ四世の「深い吐息」を、あの「パリも確かにミサに値する」の「も」に聞き取ることにしよう。

先に指摘したように、渡辺は「トンボ返り」の裏に「様々の危険と精神的苦痛」を直感していたが、私は「パリもミサに値する」の裏に同じものを感ずる。アンリ四世がサン・ドニ聖堂で改宗した日が、一五九三年七月二五日であったことに留意しつつ、「様々の危険と精神的苦痛」を列挙しよう。

何よりも先ず、スペイン王フェリペ二世（一五二七―九八）が、姫イサベル（一五六六―一六三三）

をフランスの「女王」にしようと画策していたことが、挙げられねばならない。アンリ四世にとって国辱に等しいこの事態に、スペインの女が深く関わっていたことは重大である。

改宗の直前、一五九二年の春頃、アンリ四世がガブリエルに関連した事情から、ノワヨンをなかなか離れず、「王に援助を与えるつもりだったイギリス側をやきもきさせたという挿話も伝わっている」という。エリザベス女王が、カトリックのスペインに対して、アンリ四世とプロテスタントの同盟を組もうとしていたこと、したがってアンリが改宗したと知った時に激怒したことはよく知られている。しかし、この時期に、エリザベス女王がガブリエルの絶大な影響力まで周知していたことは、驚くべきことであろう。

イギリス大使のサー・アンドンは、エリザベス女王宛に、「フランス王は、この町（ノワヨン）に滞在されることにきめられましたが、それは代官の娘（ガブリエル）にこの上ない執心を寄せて居られるためであり、この娘は王に対し絶大な力を持っています」と報告している由である。(22)

こうして、アンリ四世は、仇敵スペインに国を乗っ取られかねない危機にあり、同盟国に近いイングランドをやきもきさせかねない危うい状況にあったことが分かる。フランスのカトリックの中心勢力の「神聖同盟」がパリを中心に暗躍していた以上、パリはアンリの悩みの種であった。その時、光明は融和的中道的な「ポリティク派」にあった。前掲の『ガリアのヘーラクレース』でイエイツが「攻略派」と訳し、渡辺が「政治党」「政治屋」と訳しているこの派は、カトリックが支配的であったにせよ、国王支持を明確にしていたからである。そして、この派が王に改宗を迫ってもいたのだ。

それらの人々は、アンリ四世すなわち国王の勢力に参加し、アンリ四世が旧教への改宗によって正式に国王の位に就き、和平を招来してくれるようにと願うようになっていた。そして、この傾向は、長い間の戦乱に倦み果てていたパリの市民階級にも浸透して行った(23)。

こうなると、アンリの改宗は、政治的な動向だけで決定されたように見えるかもしれない。しかし、エリザベス女王さえ知って関心を抱いていたように、アンリ四世が寵愛したガブリエル・デストレが改宗の決心に深く絡んでいたことは疑いないのだ。したがって、アンリがミサに値するとしたパリの裏には、ガブリエルを巡る憂悶があったと当たりをつけることができるのである。ガブリエルが王の憂悶の種になるとはどういうことか、それを次に問題にしなければならない。

ガブリエルが「売女」と呼ばれる遠因に、彼女の母方に悪名高い不身持《ふみもち》の女性が多かったことも挙げられる。渡辺によると、ガブリエルの母フランソワーズの実家バブゥ・ド・ラ・ブールデジェール家は、色事に耽ることで有名だったという。

また、ガブリエルは、アンリ四世と出会う前に、ベルガド公と恋仲にあった。さらに、ガブリエルは、アンリ四世の改宗の直前に、娘を心配した父のはからいで、リヤンクール公と結婚させられていた。

こうなると、プロテスタントの中に、王の寵愛を受けたガブリエルは「姦通」を犯している、と見なす者も出てくることになる。さらに、パリの市民にも、彼女を「売女」呼ばわりする者も出てくることになる。

アンリ四世自身も、マルゴ公妃との離婚を実現できずにいたし、重臣ロニー侯が、ガブリエルに冷淡であったことも重大であった。

以上、列挙した諸要因から、アンリ四世にとって、パリを飼いならすことはまことに困難であったことが、パリがなめしがたい「生皮《ハイド》＝生皮《ポー》」であったことが[24]理解できるであろう。王は、それにもかかわらず、ガブリエルを王妃にしようと考え、彼女に世継ぎの子を産んでもらいたいという切実な思いを抱いていたのである。

最後に、王が「決死の跳躍」を決断し、「さしものパリもミサに参列すれば確実に手に入る」と語るに至った裏に、ガブリエルの深い関与があったことを示唆する傍証を挙げておこう。渡辺は、雌伏時代のアンリと苦楽を共にした武人、新教派詩人として評価の高いアグリッパ・ドービニェ（一五五二―一六三〇）の『世界史』の記述を紹介している。彼は、アンリの改宗後には意地を張って王と分かれジュネーブに退くほど、一徹なプロテスタントであり、毒舌風刺で有名であり、あのカトリック教徒の王妃マルゴを猛烈に弾劾糾弾していながら、不思議にもガブリエルには好意的であった。

…淫らなところが少しも感じられない、この上もない美しさを持っていたこの女性（ガブリエル）が、愛妾というよりも、むしろ王妃として、どうして、あれほどの年月の間、しかもごく僅かな敵しか持たずに生きられたか、正に奇蹟である。(25)

リヤンクール夫人（ガブリエル）は、非常に強い説得をし、その絶世の美しさに物を言わせて、昼となく夜となく、具合の良いあらゆる潮時に、自分を愛してくれる王に向かい、宗旨を変えるように口説いたのである。(26)

さらに、渡辺は一七世紀の歴史家メズレー（一六一〇―八三）の記述も参照している。

彼女は、人民が悲惨な目に会っていることや、これから後、疲労と心痛と待伏せとのなかで、物具《もののぐ》を担《かつ》いだまま、安息と穏和な生活から遠く離れて、残る日々を送らねばならぬことを、それとなく王に判らせた。[27]

要するに、アンリ四世は、「ガリアのヘーラクレース」という亡霊に取り憑かれながら、怪物的な宗教戦争をねじ伏せるヘーラクレース的な父性の代わりに、家庭的な母性《キドプロコ》をつかまされていたのだ。この「思わぬものをつかまされる」想定外こそが、福島原発事故に通低する想定外こそが、シェイクスピアのキドプロコの意義であることを、ここで強調したい。ガブリエルが、絶世の美女であれ、教養のない田舎貴族の出身であれ、虚栄心の強い野心家であれ、「売女」であれ、あくまで「平和愛好の家庭的な存在」のままに王妃となるよう、アンリ四世が「命がけの飛躍」をしようとしていたことが決定的なのではないか。

「さしものパリも」の裏側には、世継ぎの子を産む平和愛好の母親ガブリエルが控えていたのである。そして、その裏の裏には、母方のナヴァールの血が生々しく騒いでいたとも思われるのだ。ガリアのヘーラクレースとして「命がけの飛躍」に賭けるアンリ四世は、ガブリエルの「母性」に足を取られ、不気味なパリを思わずつかまされる皮肉にみまわれていたのである。屈辱的な「ミサへの参列」に値するパリは、アンリ四世の憂悶と共にガブリエルの母性を湛えて、われわれの胸を打つ。しかしながら、今日なお人気のあるアンリ四世のヘーラクレース的な豪胆さしか聞き取らない向きが多いのだ。そうだとすれば、アンリ四世とナポレオン・ボナパルト（ナポレオン一世）との重大な差異は隠されてしまうであろう。

あえて言えば、アンリ四世は、わが国の判官《ほうがん》・義経に似ている。「判官びいき」はフランスにもあったのではないか。武勲をあげたにもかかわらず非業の死を遂げた義経と同じように、暗殺されたアンリ四世が今なお人気がある裏には、義経に連れ添った「静御前」のようなガブリエルの存在があったのではなかろうか。ガブリエルの悲惨な急死は、毒殺によるように思われるが、彼女の死もアンリ四世の死と重なって、哀れを誘うのだ。静の「御前」が遊女や、門つけする盲目の芸能者のゴゼを暗示するように、ガブリエルも「売女」よりむしろ遊女を暗示していたかもしれないのだ。アンリ四世の人気の秘密は、信教の自由を最初に認めた「ナントの勅令」（一五九八年）のアンリの寛大さだけではなく、キリスト教の貞淑讃美をはみ出した遊女的なガブリエルにあったとも考えうるのである。

『恋の骨折り損』のマーキュリー

最後に、マルクスが気にしていたに違いない戯曲、ナヴァール王ファーディナンド（ことアンリ四世）を主人公とするシェイクスピアの『恋の骨折り損』の根本構造を、簡潔に描写しておきたい。

先に述べたように、シェイクスピアは、「乗り換え上手」というアンリ四世の評判に依拠し、ナヴァール王を誓約マニアとし、しかも誓約を破る軽薄な王に仕立て上げる。王は、「死の醜さ」を「名声」で飾り、「世俗の欲望という大軍相手に戦い」、三年間、女を遠ざけ、学問に励み、「わがナヴァールを世界の驚異たらしめ、わが宮廷を、プラトンのアカデミーにならって、常に不滅の学芸に思いをはせる学園たらしめよう」（一幕一場）と、自分で自分に誓約し、王に仕える貴族たちにも誓わせる。この威圧的誓約こそ、自然をねじ伏せるヘーラクレース的誓約であった。

ところが、この誓約には無理があることを、誓約を迫られた貴族ビローンに暴かれる。フランス王女が病床にある父王の代理として、要務を帯びて近く来訪するはずだから、王自身が誓約を破ることになるというわけだ。このように、王の誓約は軽薄そのものなのだが、問題は主筋に見える王と貴族たちの誓約破りのドタバタに、王に誓約を誓った風変わりなスペイン人アーマードーと田舎者のコスタードとのドタバタが絡んでいる構造にある。この構造の骨格は、第一幕にくっきりと現れる。

アーマードーが、世界中を遍歴するマーキュリー的性格と、王に従うヘーラクレース的性格とを併せ持った存在であることに注目しよう。

アーマードーは、田舎者のコスタードが宮廷内の庭園で田舎娘のジャケネッタと密会しているところを目撃する。ジャケネッタに恋してしまった彼は、王に手紙を贈り、「女といっしょにいるところを捕らえられた者は一年の入牢に処す」という王の布告に違反した者としてコスタードを告発する。この喜劇は、エリザベス女王の前で上演されたのだが、乞食狩りに狂奔していたエリザベス体制を、この狂った布告を出すナヴァール王を使って揶揄していたことは間違いない。このヘーラクレース的な王に、恋敵を売って仕えようとするアーマードーの姿勢もまさにヘーラクレース的なのである。ところが、田舎娘に恋をする彼には、ヘーラクレースをはみ出す面が濃厚にあった。

アーマードー　おれはこの土がいとおしくてならぬ、この卑しい土を、さらに卑しいあの娘の靴が、さらにさらに卑しいあの娘の足に導かれて、踏みしめたのだから。恋をすれば、誓約を破ることになる。それは不誠実の偉大なる証だ。そして、不誠実によって得ようとした恋が、どうして誠の恋でありえよう？　恋はなれなれしい魔物だ、恋は悪魔だ、恋のほか人間にとりつく邪悪な天使は存在せぬ。だが、サムソンも誘惑されたではないか、あの豪力無双の男さえ。…かすり傷一つ与えぬキューピッドの矢には、ヘーラクレースの棍棒も敵しえぬとすれば、一スペイン人たるおれの剣などでは刃が立たぬのも当然だ。…勇気よさらばだ！　剣よ、錆びるがいい！　太鼓よ、鳴りをひそめるのだ！　おまえたちのご主人は恋をしている。そう、恋に落ちたのだ。即興詩の神よ、われに力をかしたまえ、なんとしても恋の詩をひねり出さねばなりませぬ。知恵よ、考えろ、ペンよ、書け、大判の詩集を何冊も、何十冊も、書かねばならぬのだ。

（一幕二場）

戯曲の終幕、王と貴族たちが、フランス王女と王女に仕える貴婦人たちに恋をし、互いに誓約違反を認める羽目に立つ。王女たちに芝居の余興を楽しんでもらうことになる五幕二場、田舎者たちに縁のあるアーマードーやコスタードらが「九人の英雄伝」というドタバタ喜劇を演じる。この英雄には、アレキサンダーらの英雄にまぎれてヘーラクレースも登場するのだが、英雄たちが徹底的にコケにされる喜劇だった。その幕切れ、フランス王の急死のしらせが届く。王女に恋したナヴァール王も、フランスの貴婦人たちに恋したナヴァール貴族たちも、喪に服することを楯にとった彼女たちによって、結婚を延期させられる。これらの宮廷人とは対照的に、田舎娘を孕ませたアーマードーは、王に向かってこう語る。

私は誓約しました、愛すべきジャケネッタのために、三年間、鋤をとって畑を耕すと誓ったのです。ところで、陛下、例の二人の先生がフクロウとカッコウを讃えて作りました問答歌がありますが、お聞きいただけませんか？　さきほどの芝居のあとに歌うはずだったもの

です。（五幕二場）

その歌について、最後にアーマードーが語ったことが、決定的なものだった。

アポロの歌の後では、マーキュリーの言葉も耳障りでしょう。（五幕二場）

「アポロの歌」とは何か、それをみごとに物語るのが、王に仕えるかのビローンのセリフだった。王は、フランス王女に恋をして誓約を破ったことを正当化する論をビローンに期待する。それに答える論には、恋した女の目をアポロ＝太陽神にさえ比肩する物言いがあるのだ。

恋は、目に優れた視力を与える。恋人の目は、〔太陽の光にもくらまない〕鷲の目さえくらませる。…恋は、勇猛さではヘーラクレースだ。竜とともにヘスペラスの娘たちが守っているヘスペリデスの園になっている金のリンゴの木に登ることなどわけはない。…声の美しいことは、太陽神アポロがその金髪を糸にしたという竪琴だ。…女の目から私が学び取った学説がこうなのだ。女の目は常にプロメテウスの火を放っている、女の目は教科書であり、学問《アート》であり、学園《アカデミー》であり、知識を集め、俗界の人々全員を教え育む、これ以上に優れたものなどない。だから、誓約して女を絶った諸君は馬鹿だったのだ。さらにその誓約を守り続けるとなるとますます馬鹿だ。…誓約を捨ててわれわれ自身を取り戻すことにしよう、でないとわれわれ自身を捨てて誓約を守ることになる。このような誓約を破ることは神もよしとされることだ。

（四幕三場）

引用文にあるヘスペリデスの園とは、大地の女神ガイアがゼウスとの結婚の祝いにヘーラ（ちなみに、ヘーラクレースという名は、この女神ヘーラの「栄光《クレオス》」に由来する）に贈った金のリンゴが植えられている園のこと。その園は、ラドンという竜と共にニンフのヘスペラスの娘たちが守っていた。そこに、ヘーラクレースがやって来てラドンを殺し、リンゴの実をさらって行ってしまったという。これはヘーラクレースの十二の大事業の一つである。

御覧のように、王のためにみごとな正当化の論を立てたビローンは、太陽神アポロのような女の目に惹きつけられながらも、ヘーラクレースのように女をねじ伏せようとしていたのである。しかし、それはフランス女たちによって手ひどいしっぺ返しを食らう。

これとは対照的なのが、「王と乞食娘」との恋物語を引き合いに出すジャケネッタ宛のアーマードーの手紙なのだ。アーマードーは、乞食娘を征服しようとして逆に彼女の囚われ人となってしまったことを、言葉を飾り、ジュリアス・シーザーの名文句さえ引用しながら、認めてしまう。

これは尻尾を巻いたヘーラクレースの物言いなのである。

天に誓って言おう、おまえが美しいことは誤りなき事実であり、おまえが麗しいことはまことの極みであり、おまえの可憐なることは真実そのものである。……雄々しき傑出した王コフェチャは、破滅を招くこと疑いない乞食娘ゼネロフォン〔正しくは、坪内逍遥訳のように、ペネローフォン〕に目を留めた。そして、この王こそは、ジュリアス・シーザーが〔紀元前四七年、元老院で戦勝報告した際に〕語った「われ来たり Veni、われ見たり Vidi、われ征服せり Vici」というセリフを語るにふさわしい。……誰が来たのか、王だ。何のために、見るため。何のために見たのか、征服するため。誰のところに来たのか、乞食娘の許へ。何を見たのか、乞食娘を。誰を征服したのか、乞食娘を。その帰結は勝利なのだが、勝ったのは誰か、王だ。その征服された者 the captive〔王を「虜にする」の意味がキャプティヴにある〕は富みを得たが、それは誰だ、乞食娘だ。大団円は婚礼だが、それを挙げたのは誰か、王だ。いやいや、一体となった双方だ、あるいは双方が一体となった者だ。……

このように、ネメアのライオンが吠える声を聞きたまえ、おまえはそのライオンの餌食となるべき仔羊なのだから。伏したまえ、王たるライオンの足元に、ライオンは猛き心なごみ、おまえと戯れようとしているのだから。

（四幕一場）

ジュリアス・シーザーの征服は、ヘーラクレースの征服に通じる。ところが、ヘーラクレースぶったアーマードーは、乞食娘の虜になってしまったのだ。また、ネメアの谷は、バッハオーフェン（一八一五―八七）の『母権論』によれば(28)、大地母神の支配する谷であって、その谷に生息するライオンを退治したのがヘーラクレースであった。だから、「猛き心をなごませた」ライオンたるアーマードーは、大地母神に屈するライオンであり、ナヴァール王のようなヘーラクレースに屈するライオンではない。

意外なことに、いや決定的なことに、かのハムレットは、父の亡霊と「対話」する直前に、自分の筋骨をネメアのライオンにたとえていたのである。

おれの運命が呼んでいる。この体のか細い筋肉一本一本までが今やネメアのライオンの筋骨のようにピンと張りつめている。（一幕四場）

アーマードーが恋に「落ちた」ところは、乞食娘であるばかりか、大地母神の支配する陰の世界であり、月の女神の支配する地下世界であり、マーキュリーが下る世界であった。そうであればこそ、アーマードーは戯曲の末尾で「アポロの歌の後では、マーキュリーの言葉も耳障りでしょう」（五幕二場）と語ったのだ。そして、この決定的な言葉は、『恋の骨折り損』と戯曲『ハムレット』との共通のテーマを暗示していたのである。

最後の最後、ヘーラクレースに距離を置いているハムレットを確認しておこう。ハムレットは、スパイの旧友、ローゼンクランツとギルデンスターンに、自分は乞食だと語り、デンマーク（実はイングランド）は牢獄だと語り、エリザベス女王とヘーラクレースとを仄めかしながらこう語る。

われわれの乞食たちは本体で、われわれの君主たちや、自分を大きく見せるわれわれの英雄たちは、乞食たちの影。（二幕二場）

君主がエリザベスで、英雄がヘーラクレースであることは、当時の観客にはすぐ了解できたであろう。さて、問題なのは、影のような英雄に引き戻されながら、運命の女神の車輪に沿って「落ちてゆく」ハムレット、いや実は宇宙の見事な循環を体現する蛆虫女神に巻き込まれてゆくハムレットなのだ。かの旧友たちと別れた直後の独白は重要だ。

さあ、復讐だ！　まったく間抜けとはおれのことだ。そうそう、なんと立派なことか。殺された最愛の人の息子のおれ、天国からも地獄からも復讐を急かされながら、まるで売春婦のように心の内を口先で小売し、果ては本物の売女さながらに罵りを垂れ流すありさま。これじゃ台所の下女《スカリオン》だ！……おれが見た霊は悪魔かもしれん……おれを地獄に落とす魂胆なのかもしれん。

（二幕二場）

ここには、キリスト教的な「天国と地獄」とのお決まりの図にはまりながら、「運命の女神は売春婦だ」（二幕二場）と叫ぶハムレットであればこそ、売春婦に「落ち」、はては蛆虫女神の支配する台所の下女にまで「落ち」、先の図からはみ出すハムレットの崩落感が表明されていよう。そうしたハムレットは、墓穴にまで「落ちた」オフィーリア、その兄レアティーズが、妹の墓穴で大げさに嘆き叫んでいることに、自然など征服できっこないと、こう告げる。

レアティーズ、……ヘーラクレースがどんなに力んだって、猫はニャーニャー鳴くもんだし、犬にも盛りのときが来るんだよ。

（五幕一場）

このハムレットの物言いの裏には、アーマードーのように「落ちた、落ちた」と歌うオフィーリアと、台所の下女に「落ちて」しまうハムレットとに共通の、ヘーラクレース的枠組みからの崩落感があるように思われる。正気を失ったオフィーリアは、こう呟く。

ねえ、あなたも歌うのよ、「落ちた《ダウン》、落ちた」って。それからあなたも続きの「落ちた、落ちた」って。ほれ、糸車《ウィール》を回す調子にぴったり。
（四幕五場）

宮廷の娘オフィーリアは、村娘のように糸車を回す幻想に浸っている。彼女が回している糸車《ウィール》は、運命の車輪《ウィール》に通じ、運命によって彼女は冥界（地獄ではない）に「落ちて」ゆく崩落感に身を委ねている。ハムレットも、運命の車輪に言及するが、台所の下女にまで「落ちてゆく」二幕二場の物言いこそ崩落感をにじませていた。オフィーリアの名が、ギリシア語の「オーフェロス＝加勢する者」に由来するとしたら、彼女は石牟礼道子さんのいわゆる「悶え神」、「悶えてなりと加勢する無力な神」(29)に匹敵する存在に思えてきてならない。

ヘーラクレースとマーキュリーとの「結託＝分離」というきわどい境界を確認した今こそ、資本の自己増殖の秘密を解き明かそうとするマルクスに向かうべき時だ。

注

（1）渡辺一夫「世間噺・後宮異聞――寵姫ガブリエル・デストレをめぐって」一九七二―一九七五、『渡辺一夫著作集』、筑摩書房、一九七七年、第一四巻、補遺下巻八〇頁。

(2)フランソワ・バイルー『アンリ四世――自由を求めた王』、幸田礼雅訳、新評論、二〇〇〇年、二二二頁。
(3)同前、二五頁。
(4)同前、三二―三三頁。
(5)アンリの母ジャンヌ・ダルブレは、一徹なプロテスタントとして、一生を貫き通したが、父アントワーヌ・ド・ブルボンは、「乗り換え上手 eschangeur」とあだ名されたほどに改宗を重ね、息子アンリも「改宗常習者」と見なされていた(前掲、渡辺論文、二九頁)。
(6)前掲、バイルー『アンリ四世』、八頁。
(7)同前、八頁。
(8)前掲、渡辺、二九頁。
(9)同前、二九頁。
(10)前掲、ハインリッヒ・マン『アンリ四世の完成』、晶文社、一九八九年、二四四頁。
(11)前掲、バイルー、二六六―二六七頁。
(12)同前、五三八頁。
(13)同前、五三九頁。
(14)前掲、渡辺、三〇頁。
(15)同前、三三頁。強調は引用者。
(16)同前、八〇頁。強調は引用者。
(17)『資本論』、八頁。強調は引用者。
(18)アンリ四世の王妃マルゴ公妃がユグノーを憎んでいたのに対し、「ガブリエルは、新教徒〔プロテスタントのユグノー」たちに好意を示し、召使たちには特に新教徒を採用し、『召使のうちで新教に奉じている人々だけしか信頼を寄せられない』と言ったとのことである」「これは、新教徒の数が圧倒的に多いアンリ四世の周辺で巧みに生きるための打算の結果とも言えないこともなかろうが、むしろ宗旨のことには拘泥しない性格のためだったかもしれない」（渡辺、六四頁。強調は引用者）。

(19) 前掲、渡辺、四八頁。
(20) 同前、六頁。強調は引用者。
(21) 同前、八頁。
(22) 同前、五九頁。
(23) 同前、七四頁。
(24) バルザックの『あら皮――欲望の哲学』（小倉孝誠訳、藤原書店、二〇〇〇年）は、「悲しみの生皮 La Peau de chagrin」を原題とし、欲望すればするほどちぢんでしまう不気味で皮肉な「生皮」をテーマとしている。本書で問題となるドイツ語の「生皮《ハウト》」や英語の「生皮《ハイド》」に通底しているのが、このフランス語の「生皮《ポー》」なのだ。
(25) 同前、六三頁。
(26) 同前、九三―九四頁。
(27) 同前、九三頁。
(28) バッハオーフェン『母権論』白水社、一九九二年、上巻、二六〇頁。
(29)「自我と神との間」、『不知火――石牟礼道子のコスモロジー』、藤原書店、二〇〇四年、一三一頁。

第4章

剰余価値論の悶えるマルクス

オカルト的な自己増殖する価値

『資本論』第一巻のほぼ七割を占める有名な「剰余価値論」という巨大なビルディングの論理構成には、アキレス腱がある。マルクス主義が見逃してきたこのアキレス腱を明らかにすることから、ヘーラクレースにあやかり怪物資本の謎を解こうとしながら悶えるマルクスを浮き彫りにしたい。

儲けるか損をするか、損得勘定は近代社会に蔓延しきった価値基準である。「もうけ＝利潤」をあてにしないで資本を投下するような愚かな企業家は存在しない。「もうけ」がなければ、企業は倒産するか、投資先を変えるほかはない。裸一貫の労働者さえ、この仕事は「もうけになる」と言う。それほどに、「もうけ」は資本＝元手《キャピタル》につき物である。この圧倒的事実を前に、マルクスは、この「もうけ＝利潤 profit」を、ドイツ語の「より多くの価値＝付加価値」を意味する「Mehrwert 剰余価値」という言葉で言い換え、これを「自己増殖する」価値と形容する。その際、注目したいのは、マルクスがこの自己増殖する価値を、さらに過剰に神秘化していることだ。まるで、「脱魔術化」するために、必要以上に神秘化しているかのようなのだ。

> 価値が剰余価値をつけ加えるこの運動は、価値自身の運動であり、…要するに価値の自己増殖である。価値は、それが価値であるがゆえに価値を生むという摩訶不思議《オカルト》な資質を獲得している。それは、生きた息子を生み出す、少なくとも金の卵を生む。[1]
>
> 前貸しされた一〇〇ポンド・スターリングは、一〇ポンド・スターリングの剰余価値によってのみ資本になるのであって、資本になるやいなや、息子が生まれ息子によって父が生まれるやいなや、両者の区別は再び消えうせ、両者は一者、一一〇ポンド・スターリングである。[2]

オカルト的な価値は、母なしに単性生殖する父性宗教のキリスト教の三位一体（父なる神・息子なる神・聖霊）にまでたとえられている。この驚くべき過剰な演出によって、自己増殖する価値は「聖霊」にまで昇天し、神がかった存在にされていることを知らねばならない。資本を「魂を吹き込まれた怪物[3]」と形容するマルクスは、まさにその延長線上にあったのだ。ガンを「怪物・異物」としてねじ伏せようとする医者が、実はガンを疫病神に取り憑つかれた「不治の病」として怯えているように、資本を「魂＝聖霊」を吹き込まれた「怪物」としてその謎を解き明かそうとするマルクスにも、怯えが潜んでいるのではないか。私は彼の論に怯えからくる余裕のなさを感じ取った。

剰余価値論のアキレス腱

その余裕のなさは、味方の援軍のはずの労働者の日常意識を飛び越えて、価格の算術計算から剰余価値を割り出すような上から目線の構えに、感じ取ることができる。剰余価値の発生の秘密を、マルクスは価格の量的差異からしか解き明かすことができなかったのだ。舞台は、マンチェスターの最先端の工業、紡績の近代工場である。

そこで働く労働者は、当時の標準の労働時間、一日一二時間働いて、三シリングの賃金を受け取っている。そして、マルクスの想定では、その一二時間の労働は、六シリングの総価値を生み出している。労働者は、総価値六シリングを生み出している一二時間の紡績労働の対価が三シリングの賃金だと思い込んでいる。しかし、実は違う。三シリングの賃金は、実は六時間分の価値でしかなく、残りの六時間分の三シリングは搾取された剰余価値だ、というのである。

だが、賃金として受け取った三シリングが、なぜ一二時間ではなく、六時間の労働に値すると分かるのか。紡績工場では、一二時間の労働時間は三シリングでしかない。それなのに、三シリングは六時間分の労働時間の代価だとなぜ言い張れるのか。ここにこそ、マルクスのアキレス腱があるのだ。そこで、マルクスは、リカード(一七七二―一八二三)の賃金論に便乗して、苦境を逃れようとする。

リカードとまったく同じように、マルクスは、三シリングの賃金を穀物で代表させ、穀物を生産する農業労働の六時間が三シリングに値するとしたのである。要するに、一二時間の紡績労働は三シリングの賃金に値すると思い込んでいる労働者の日常意識を突き放し、紡績労働の外部の六時間の農業労働で賃金を裏づけたのだ。しかし、紡績労働に農業労働を持ち込むこの強引なやり方は、普遍的な価格によって表示される等質的な時間によって隠蔽される。紡績労働も、運搬労働も、農業労働も、同じ一つの労働過程の局面にすぎないというわけだ。(4) 賃金は労働市場で決まる価格であるのに、これを農業労働という生産現場の労働時間に、マルクスはすり替えた。その疚しさは、ボディーブローのように効いている。

背後に農業労働の六時間を潜めた賃金は、三シリングという価格でのみ表示され、労働市場という流通圏で前もって実現される労働力の「交換価値」とされる。ところが、紡績工場という生産圏で発揮される一二時間＝六シリングの紡績労働は、労働力の「使用価値」だというのである。驚くべきことだが、平凡な紡績労働者の労働力の「使用価値」は、剰余価値という「もうけ」を紡ぎだすオカルト的資質を獲得してしまっているのだ。

自己増殖する価値のオカルト的な資質を、平凡な労働者のささやかな労働に肩代わりさせる、その上で労働者が稼ぎ出した三シリングを資本家は搾取しているとする、この資本の解釈学の空しさを知るべきであろう。マルクスは、その空しさを感じているからこそ、利潤がすでに織り込み済みの「平均価格」について長い注をつけ、資本家が「導きの星」としていることに言及せざるをえなかった。

> 市場価格の絶えざる動揺、その高騰と低落とは、補正しあい相殺しあって、内的基準としての平均価格に回収される。この基準は、例えば、比較的長期にわたって、商人であれ工場主であれ、すべての企業家の導きの星となる。彼らは…商品が現実に平均価格よりも安くも高くもなく、平均価格で売られていることを知っている。[5]

導きの星としての平均価格とは、マルクスの舞台では、六シリングのことであり、そこには三シリングという「平均利潤」が読み込まれている。この平均的な利潤が実現されなければ、資本は倒産するか撤退する。だから、労働者が六時間分の労働（三シリング）に値する賃金を超えて、さらに働いたとされている六時間（三シリング）は、すべての企業家がつねにすでに導きの星としている「平均利潤」でしかない。こういう利潤を前提しながら、利潤の秘密を暴こうとすること自体、空しいことである。

実際、企業家や労働者の意識を飛び越え、価格の天上界からの目線で算術計算するマルクスの浮き世離れした論理は、リカードの賃金論の「巧みな方向転換 dexterous turn」[6]を批判したサミュエル・ベイリー（一七九一―一八七〇）に直面して、ほころびを呈することになる。

なぜ賃金論は後回しにされたのか

マルクスは、剰余価値の発生の秘密を暴く第三編第五章「労働過程と価値増殖過程」では、「労働力の価値」として賃金を真正面から論じている。にもかかわらず、本格的な賃金論は、第六編第一七章で論ずると言い張った。この異様なほどの不器用に、アキレス腱を見なければならない。

実際、マルクスは、その一七章で、紡績労働の外部の農業労働に「巧みに方向転換」しなければ、どういうことになるか自白している。一日に一二時間の紡績労働をこなした労働者の賃金について、こう述べる。

一二時間の労働日が、たとえば六シリングの貨幣価値で表示されるとしよう。いま、等価物どうしが交換されるものとしよう。そうすれば、労働者は一二時間の労働に対して六シリングを受け取る。彼の労働の価格は、彼の生産物〔糸〕の価格と等しいであろう。この場合には、彼は労働の買い手〔資本家〕のために剰余価値を生産しておらず、六シリングは資本に転化せず、資本主義的生産の基盤は消滅するであろう。[7]

これは、一二時間労働して六シリングの賃金を受け取っている労働者の立場（ここでは、三シリングしか受け取っていない労働者の立場を変更しているのだが）に立つと、資本の搾取を主張することはできないと言っているに等しい。ここまで自白した直後、マルクスは、労働者の日常意識を現象にとらわれたものと見下し、本質を見抜く科学者の立場に立とうとする。しかも、紡績労働の一二時間から農業労働の六時間に「巧みに方向転換した」自分のやり口を、科学者に近い経済学者スミス（一七二三―九〇）やリカードの「無意識のすり替え[8]」にすり替えたのだ。彼ら古典派の経済学者たちは、「労働」の価値（一二時間の紡績労働）が賃金だと思い込みながらも、「無意識に」

賃金を「労働力」の価値（六時間の農業労働）にすり替えてしまったというのである。これは、自分の「矛盾」を相手のせいにするヘーゲル（一七七〇―一八三一）の「美わしき魂」[9]に酷似した責任転嫁であろう。だが、絶対知の高みから自己意識に「矛盾」を指摘するヘーゲルとは違い、私はマルクスの論法の屈折の襞に分け入り、怯えからくる悶えのうめき声を聞き取る。

マルクスの悶え

そのうめき声は、資本の発生を流通圏とすべきか、生産圏とすべきか、資本家が思い悩むかのような道徳的な問題設定に、しかと聞き取ることができよう。

資本は、流通から発生するわけにはいかないし、流通から発生しないわけにもいかない。幼虫としての貨幣所有者の蝶々（資本家）への成長は、流通圏で行われねばならず、しかも流通圏で行われてはならない。これが問題Problemの条件だ。ここがロドス島だ、さあここで跳んでみろ。[10]

紡績労働から農業労働への自分の方向転換を、マルクスは資本家の幼虫の道徳問題にすり替える。その際、マルクスが、市場＝流通圏でつねにすでに実現している「平均価格」を前提にしていることを、しっかりと見据えておかなければならない。そうであれば、「平均利潤」は当然のことながら流通圏ですでに発生しているわけだ。それを「流通圏で行われなければならない」とまで大げさに演出するマルクスに、ヘーラクレース的道徳観の呪縛のうめき声を聞き取ることができよう。

また、同時に、マルクスは、流通圏で決まる賃金は、つねにすでに農業労働という生産圏で実現していると想定していた。そうだとすれば、当然のことながら、賃金は流通圏で発生してはいない。にもかかわらず、農業労働について口をつぐみ、賃金の発生の問題を利潤の発生の問題にすり替え、利潤の発生は、「流通圏で行われてはならない」などと無茶な演出をするマルクスは、独り相撲をして、うめいているとしか評しえない。他ならぬ資本家の「ファウスト的葛藤」[11]のせいにして、剰余価値の「問題《プロブレム》」の地平にマルクスは、やっと踏みとどまっていたのである。だから、この他人のせいにされた「無意識の」地平の転換を「認識論的断絶」として祭り上げたルイ・アルチュセール（一九一八―九〇）は、お門違いと評すべきなのである。[12]

試験の問題のように問題を設定したのはマルクスその人であり、彼は試験官のように「正解」を手にしていた。「正解」とは、平均利潤をすでに含んだ平均価格であり、農業労働ですでに裏づけられていた賃金だったのだ。

すでに第1章で触れたように、青年期のマルクスは、ハムレットの有名な独白を受けて、「予備選挙で人民は外面的自由は持つだろう。しかし、内面的自由は持つだろうか。それは疑問だthat is a question[13]」と英文まで持ち出し、「問題」ではなく「疑問《クエスチョン》」を強調していた。これを言い換えると、人民の内面的自由は「あるのか、ないのか、疑問だ＝分からない」ということになる。

この独白は、ハムレットが「正解」を抱いていることを前提に、道徳的二者択一式に翻訳されてきた。暗殺された父の死の真相を知り（実は最後まで知らないのだが）、父のために復讐しなければならないという「正義＝正解」を抱いたハムレットは、「復讐を延期して生きるべきか、復讐を遂げて死ぬべきか、」「このままでいいのか、いけないのか」「それが問題だ」と翻訳され、父権的正義の枠内に道徳的に囲い込まれてきた。ハムレットが「問題《プロブレム》」という言葉を使っていないにもかかわらず、そうだったのだ。しかし、「疑問じゃ」と訳した坪内逍遥（一八五九―一九三五）や青年マルクスのように、「疑問だ、分からない」ことに力点を置けば、正義と愛とのあり方を端的に疑問にさらすラディカルなものであることになる。この場合のマルクスは「問題《プロブレム》」を提起しながら悶えている以上、ハムレット的な「疑問《クエスチョン》」に接近していた可能性もあるのだ。

注

（1）『資本論』二六三頁。

(2)同前、二六四頁。
(3)同前、三三三頁。
(4)「…綿花および紡錘で糸を生産する…時間的にも空間的にも分離されている様々の労働過程〔流通圏に触れていないことに注意〕は、同じ一つの労働過程の…諸局面と見なすことができる。糸に含まれている労働は、すべて過去の労働である。糸を形成する諸要素の生産に必要な労働時間は…過去完了であるが…最終の紡績に直接費やされた労働は、比較的現在に近く現在完了である」(『資本論』、三二〇頁)。この等質的な時間は価格から割り出されたものにすぎないが、一二時間の紡績労働が六シリングに値するという想定を二倍にして行うマルクスの想定には隠蔽の下心があったに違いない。「一二シリングの金量〔価格〕が二四時間労働の産物だとすれば、…糸には二四時間の紡績労働が対象化されていることになる」(同前、三一九頁)。
(5)同前、二八四頁の注三七。
(6)同前、九一六頁の注二一。
(7)同前、九一七頁。
(8)同前、九二二頁。
(9)「道徳的な自己意識は…矛盾する観念を自分では引き受けず、自分とは別の存在へと押しつけた」(ヘーゲル『精神現象学』、長谷川宏訳、作品社、一九九八年、四二八頁)。
(10)『資本論』、二八四頁。
(11)同前、一〇二〇頁。ここでは、「資本家個人の気高い胸のうちでは、蓄積衝動と享楽衝動とのファウスト的葛藤が展開される」と述べられている。このような葛藤は、過剰在庫や巨大な固定資本の「道徳的摩損」に怯える経営者の葛藤に比べたら、リアルではない。

(12)ルイ・アルチュセール『資本論を読む』、今村仁司訳、ちくま学芸文庫、一九九六年、上巻、三三頁、四九頁。
(13)『全集』、六巻、二七頁。

第5章

ハムレットに引き寄せられるマルクス

価格の偏執的排除

「はじめに」ですでに触れたように、『資本論』の冒頭で、マルクスは商品の「価値」について、千変万化する価格とは違い、そうした現象の変化を貫く実体であり、「社会が平均的に必要とする労働時間」、つまり「抽象的な人間の労働」である、と明言しながら、『ハムレット』に出没する亡霊を意識したかのように、価値という対象は「同じ亡霊のような対象」(1)だと言わざるを得なかった。上から目線で鳥瞰的に価値を社会的な労働時間として鷲づかみした報いを受けたかのように、どこでもいつでも「同じ」つかみどころのない「亡霊のような」価格として、価値をつかまされているのである。

また、第一章第三節では、シェイクスピアの『ヘンリー四世』第一部に登場する傑作的道化フォールスタッフの物言いを参照し、価値を「どこをどうつかんでよいやら分からない」対象と形容する。この物言いの背後に、あのハムレットの独白「あるのか、ないのか、分からない」が控えていることは、すでに指摘した。

さらにまた、同じ三節で、常人が商品の価値を表現する時、避けて通ることのできない価格を、マルクスは厄介払いする。二〇反（ドイツ語ではエレ＝長さの尺度）の亜麻布が一着の上着に値するという価値表現を持ち出し、二つの商品に共通のはずの価格を締め出す。マルクス自身といえば、時計で計測できる労働時間を価格でしか「抽象」化できていないにもかかわらず、また商品の額には「宿命的に白い紙片が張りついている(2)」と価格の宿命性さえ口にしているにもかかわらず、価格を排除する。それも、価格を貨幣にすり替え、貨幣を金の地金《ぢがね》にすり替え、金鉱山で金を発掘するのに平均的に必要な労働時間で金の価値を裏づけまでして、価格を排除するのだ。この価格の偏執的排除は、市場価格と区別した自然価格を価値とみなす小器用なアダム・スミスと比較すれば分かるように、マルクスの深刻な悶えを反映しているだろう。

ことあらためて価格を正面から論ずる第三章一節の価格論でも、あっと驚くような価格の扱い方を目撃することができる。先ず、価格は単なる名前、レッテルでしかないと明言する。ポンドやドルやマルク等々の価格は、ヤコブというクリスチャン・ネームに等しい、それも法で定められた「法定の洗礼名[3]」だと言う。ヤコブという名前を知っても、その人柄まで分からないように（ユダヤ系の人物であることが「分かる」にもかかわらず）、価格を知っても価値がどういうものか分からない、と言うのである。これは、一種の価格の厄介払いではある。だが、単なる名前としての価格は、強情にも、ポンドが重量を意味したことから、重量に起源を持つ貨幣名にすり替えられ、貨幣金の肉体の価値にすり替えられる。こうして、価格は価値の単なる影ではなく、「商品の内在的価値尺度である労働時間の必然的現象形態[4]」だとされるのだ。これら一連のすり替えは、価格を単なるレッテルにすると、価格が価値（＝労働時間）と関係がなくなってしまう苦境のもみ消しであることに気づかなければならない。

ところが、価格を「法定の洗礼名」と決めつけた直後、マルクスは、さらに過激に、いや自分を更に窮地に追い詰めるかのように、価格は「カバラ的暗号」だと言い出すのだ。ユダヤ神秘主義のカバラの暗号の奥義を解明できるのは、ユダヤ教のラビの子孫マルクスだと言わんばかりの発言に聞こえるかもしれない。しかし、そうではない。肝腎なのは、「価値関係の一切の痕跡が消えうせている[5]」暗号にマルクスが直面していることなのだ。その奥義を秘めた暗号としての価格は、厄介払いしきれず、逆にその存在感を発揮している。

だから、価格は単なる名前・レッテルにすぎず、価値という実体の現象形式でしかないと語った直後に、マルクスは「価値関係」とは無縁の、神秘的で人を惑わす、自身まで眼が眩む暗号を口にせざるをえなかったのだ。カバラ的暗号という表現は、まるでとらえどころがないにもかかわらず奥義を秘めたハムレットの父の亡霊の暗号的物言いを想起させる。しかし、そのことは後で問題にしよう。

「命がけの飛躍」としての価格の設定

ここでは、私たちを亡霊的価値に巻き込む価格表現のきわどさにのみ触れておこう。商品を市場に売りに出す売り手は、不安げにその値段と分量＝出荷量をあらかじめ決定する羽目に立たされる。買い手は買い手で、どんなに高価な商品でも、どんなに見かけが良い商品でも、能書きがどんなに良くても、どんな商品であるか即座には判断できない。「高かろう良かろう」「安かろう悪かろう」といった俗な判断・推理に身を任せるほかはない。そこで、マルクスは、この判断・推理を「命がけの飛躍」[6]とやや大げさではあるが形容したのだった。「売れるか、売れないか、分からない」きわどいハムレット的境地の別名が「命がけの飛躍」だったのだ。こうなると、商品の価値は、もはや「社会が平均的に必要とする労働時間」と何の関係もなくなることが分かるだろう。

このきわどい価格表現が孕む問題の深刻さは、今日の数値主義の蔓延を予告していると読むこともできる。グローバリズムの今日、例えば、栄養学のカロリー計算に典型的なように、世界保健機構WHOのお墨付きを得て、上は科学の専門家や高級官僚、下は庶民に至るまでカロリーの数値にがんじがらめに縛られていないだろうか。血圧などの数値によって医者に管理される人々は、同時に価格の数値にどっぷりと漬かり、自分の身体の声に耳を傾ける余裕を失っている。

後述するように、『資本論』の冒頭には、一〇〇ポンド・スターリングという価格の商品の豊富さ（低価格に通じる）の代わりに思わず「かさばり」をつかまされるきわどい物言いが出てくるのだが、この「かさばり」は、恐ろしい過剰在庫の虫の知らせのような商品肉体の声である。この商品の語る商品語の声も、身体の語る症状の声も、価格の数値に麻痺した人々には聞こえにくい。だから、マルクスが、商品が売れれば解消する程度のものとも解している「命がけの飛躍」の、更に内奥に迫らなければならない。そうすることで、私たちは、浮き世に生きる自分たちの日常的な意識と向き合うことが、可能になるであろう。

そこで、マルクスが気にしたハムレットに向かうことにしたい。だが、対象とするマルクスをヘーラクレース的革命家ではなく、悶えるマルクスに限定したように、私は例の「躊躇する」「青白きインテリ」のハムレットを、ケルト的な悶えるハムレットに限定しなければならない。父の亡霊から、叔父クローディアスに暗殺されたことを告げられ（この解釈のずさんさは後に明らかになるだろう)、復讐を誓いながら復讐を延期しまくる「愚図」のハムレットという構図を粉砕し、父の正義に囚われながらも疑いを拭いきれない「悶える」ハムレットを浮き彫りにしなければならない。

ケルト文化圏のハムレット

「悶える」ハムレットに向かう前提として、先ずはケルト的なハムレットについて触れ、回り道をしておこう。

一六〇〇年頃、ロンドンのグローブ座で初演された『デンマーク王子ハムレットの悲劇』の舞台は、実はデンマークどころかイングランドであり、隣国ノルウェーはスコットランドだった。ケルト文化圏のスコットランド・ウェールズ・アイルランドの話題にあふれるこの戯曲で、ハムレットは、アイルランドの守護聖人「聖パトリックにかけて誓う」(一幕五場)とまで語っている。そもそも、こんな誓いはデンマーク王子にはありえない。またイングランドの王子にも絶対ありえない。そこで、愚図のハムレットどころか、ケルト的な荒々しく野性味にあふれセクシャルなハムレットを参照しよう。

宰相の父ポローニアスの打算的教訓に従って贈り物を返す恋人オフィーリアを、ハムレットは

「尼寺へ行け」(三幕一場)と怒鳴りつける。多くの注釈者と同様マルクスも、尼寺は売春宿の隠語だと解しているように、(7) ハムレットの物言いはどぎつい。もっと強烈な物言いは、叔父クローディアスが父の暗殺者かどうかためす「ネズミ捕り」の芝居の前の、オフィーリアとのやり取りであろう。

ハムレット　お嬢さん、お膝に寝転んでもよろしいか。
オフィーリア　いけません、殿下。
ハムレット　寝転ぶってお膝に頭を乗せるってことだぜ。
オフィーリア　それなら、どうぞ。
ハムレット　いやらしいことだと思ったのか。
オフィーリア　そんなこと何にも nothing、殿下。
ハムレット　生娘の股の間に寝転ぶなんて、素敵な思いつきじゃないかね。
オフィーリア　どういうことですの、殿下。
ハムレット　ナニ nothing のことさ。(8)
オフィーリア　陽気でいらっしゃいますこと、殿下。
ハムレット　はあ、オレが。

オフィーリア　そうですとも、殿下。
ハムレット　そりゃそうさ、オレは名うてのモリス・ダンスの拍子取り jig-maker なんだから。人間陽気じゃなくちゃあ。ほら御覧、母上のあの楽しそうな顔を。父上が亡くなってまだ二時間も経っていないいっていうのに。
オフィーリア　いいえ、二月の二倍も経っております、殿下。
ハムレット　そんなに。…それにしても驚いたなあ、二月も前に亡くなってもまだ忘れられないなんて。するってぇと、大物の記憶だったら没後半年は持つかもしれん。もっとも、聖母マリアにかけて、それには教会を幾つか建てておかなきゃ、さもなきゃ忘れられちまう、張子の馬ホビー・ホース the hobby-horse と一緒に。「おお悲し、おお悲し、ホビー・ホースも忘れられ」という墓碑銘どおりに。
（三幕二場）

王子のセリフを理解し、マルクスのケルトへの屈折したまなざしを受け止めるためにも、現代のシェイクスピア研究の第一人者グリーンブラットの知見を参照しておきたい。

グリーンブラットは、若きシェイクスピアを根底から規定したイングランド中部の民俗、特にケルト的祝祭の五月柱祭 May Pole に注目し、この祭りを弾圧したいプロテスタント（エリザベス女王が背後にある）のフィリップ・スタッグズのいまいましげな物言いを借りて、祭のありさまを活写する。一五八三年、シェイクスピア一九歳の時だ。五月柱祭が、わが国の諏訪の御柱《おんばしら》に通じ、樹木崇拝のケルト的祝祭であることが分かる。

五月祭や聖霊降臨祭 Whitesunday〔古代では「白い日曜日」の意〕などに備えて、若者や娘、老夫婦の全員が前の晩から森の方へとほっつき歩いてゆく…森では一晩中、気晴らしで楽しいときを過ごし、朝には〔「光」と「豊饒」のシンボル〕カバの木 birch と木々の枝とを携えて戻ってくる…しかし、かれらが森から持ち出す最大級の宝物は五月柱 Maypole なのだ。かれらが五月柱を持ち帰る際の敬意の払い方は大げさだ。二〇頭か四〇頭の雄牛をくびきに繋ぎ、雄牛のそれぞれの角の先に甘い香りの花束をつけ、この五月柱（というより悪臭を放つ偶像なのだが）を雄牛に運ばせる。柱は花々と薬草とに覆い尽くされ、上から下まで縄を巻きつけられ、彩色が施される場合もあり、その後ろを二〇〇人か三〇〇人の男女や子どもたちが大げさに敬意を払いつつついてゆく。だから、柱が立てられると、てっぺんにはハンケチや旗がたなびき、かれらは柱の回りに土をばら撒き、緑の枝を結びつけ、すぐ近くに木陰の休憩所や東屋が設営される。それから、かれらは柱の周りで踊り始めるのだが、異教の野蛮な人々が偶像を崇拝して踊るのと似ている。この踊りは異教の野蛮な人々の偶像崇拝の文字通りの型を踏襲するもの、いや偶像崇拝そのものなのだ。(9)

グリーンブラットは、スタッブズが不機嫌に描いたこの民衆的風俗が、弾圧されたにもかかわらず、マルクスが生きた一九世紀後半まで生き延びたことを強調し、ケルト文化の民衆的な根の深さを確認するかのように（イングランドの民俗であるかのように描いているのだが）こう述べる。

ストラッドフォードや、その近隣の田舎で育ったウィル（ウィリアム・シェイクスピアの「ウィル」）は、どんな祝祭に参加したのであろうか。男や女や子どもたちの顔は喜びに輝き、リボンや花輪で身を飾っては、五月柱の回りを踊る祝祭だ。下卑たロビン・フッドのショーでは、酔っ払ったタック修道士と猥雑なメイド・マリアンがロビンと共に登場する。ロビンが五月の王だとしたら、マリアンに扮した娘は五月の女王として花輪を被る。少年が司教のいでたちで登場し、偉そうに通りを行進する。無礼講の主がゲップをしオナラをしながら、この時ばかりは、この世の秩序をひっくり返す。あべこべの日々に、女が男を追っかけまわし、生徒が先生を教室から締め出す。風変わりな動物たち、「野蛮人 wild men」、巨人に扮した男たちを主演とする松明の行列が続く。ムーア人に起源があると目されるモリス・ダンスの踊り手たちが、膝や踝に鈴をつけて跳ね回り、柳細工のホビー・ホースとして知られている張子の馬をつけた踊り手たちと浮かれ騒ぐ。バグパイプを吹く者あり、太鼓を叩く者あり、道化棒とブタの膀胱でできた人を叩く棍棒状の空気袋を持って、道化師のまだらの服を着た道化師あり。羊の毛を刈る祝祭や、収穫の取り入れの祝祭での、飲み比べ、食べ比べ、歌い比べ。これらの祝祭の中でもっとも面白いのは、おそらく、クリスマスの仮装のパントマイムだろう。…この芝居は、季節に合わせてなされ、原始的なリズムを帯び、リアリズムと無縁であることから、おそらく儀式と呼ぶべきであろう[10]。

引用文の傍線に注目されたい。「バグパイプ」がケルト文化圏スコットランドの楽器であることから、五月柱祭がケルト的祝祭であることが知れよう。こうしたケルトの民俗的風習は、中部地方にさえしっかりと根を張り、シェイクスピアの想像力に重大な衝撃を与えた、という。

こうした民俗的風習は、…巡業の劇団が田舎に持ち込んだ道徳劇などよりずっとシェイクスピアの演劇のセンスの手本となった。民衆文化は彼の作品のいたるところにあり、クモの巣のように張り巡らされて言及され、下部構造をなしているのだ[11]。

あのハムレットの物言い「モリス・ダンスの拍子取り《ジグ》」のjigが、活発で不規則な三拍子であり、今なおアイルランドで愛されているケルト的リズムであること、「ホビー・ホース＝張子の馬」

が五月柱祭のものであることを確認しなければならない。ことに、ホビー・ホースが忘れられたことを悲しむ物言いが、祝祭を弾圧したエリザベス女王を意識したものであることに注意しなければならない。それだけではない。祝祭のメイン・イヴェント「ロビン・フッド」のショーを示唆するものが、『ハムレット』には、散りばめられている。オフィーリアは、常軌を逸したハムレットをかつて「この国の希望のバラ」(三幕一場)だったと嘆き、彼女の兄レアティーズは正気を失った妹を「五月のバラ」(四幕五場)と嘆く。これらは、ハムレットが「五月の王」ロビン・フッド、オフィーリアが「五月の女王」メイド・マリアンと言うに等しい。狂ったオフィーリアがハムレットを「ロビンは私の喜び」(四幕五場)と呼び、叔父クローディアスがハムレットは「付和雷同の民衆 the distracted multitude に愛されている」(四幕三場)と評していることから、ハムレットはシャーウッドの森に潜む義賊、民衆に愛されたロビン・フッド的存在であることが感じられてくる。

マルクスとの関連で決定的なことは、オフィーリアがハムレットを巡礼者と見なしたこと、ハムレットが「乞食」を自称したことだ。

オフィーリア　貝殻をつけた帽子と杖、それに巡礼のサンダル。(四幕五場)

ハムレット　デンマーク〔イングランド〕は牢獄だ。監房、独房、地下牢、ずらり揃っている。

中でもデンマーク〔イングランド〕が最悪だ…わが乞食たちは本体、わが君主〔エリザベス女王〕たちや、しゃしゃりでる英雄〔ヘーラクレース〕たちは乞食たちの影。（二幕二場）

エリザベス女王の体制は、ケルト的祝祭を弾圧したが、乞食狩りこそ重大な弾圧だった。シェイクスピアは、放浪の河原乞食時代に弾圧の恐怖を味わっており、それでこそ、こうした皮肉な物言いを発したに違いない。このエリザベス女王治下の乞食狩りに異様なほど敏感に反応したマルクスは、ハムレットの物言いにきっと感じ入っていたに違いない。

注

(1)『資本論』、六五頁。
(2)『経済学批判』、一一〇頁。
(3)『資本論』、一七〇頁。
(4)同前、一六〇頁。
(5)同前、一七一頁。
(6)同前、一八〇頁。
(7)ルイ・ボナパルトのスパイ、カール・フォークト（一八一七—九五）を論難した『フォークト君』は、一八六〇年一二月に公刊された大部の著作である。そこには、異様なほどにシェイクスピアの引用がなされていた。「おそらく『尼寺 nunnery』は、ラテン語の娼婦 nonaria の誤植に過ぎないのであろう」(『全集』、一四巻、六〇七頁)。
(8)この nothing は、「いやらしいこと country matters」をはっきりさせるために、役者が「親指と人差し指で輪をつくって、女性性器を」(岩波文庫、二〇〇二年、一六三頁の脚注二、野島秀勝氏の解説)かたどったものだという。
(9)グリーンブラット『シェイクスピアの驚異の成功物語』、河合祥一郎訳、白水社、二〇〇六年、四四—四五頁。
(10)同前、四五—四六頁。強調は引用者。
(11)同前、四六頁。

第6章

マルクスのケルトへの屈折したまなざし

エリザベス女王の乞食狩り

『資本論』第一巻末尾で、マルクスは一五世紀末以来の過激な乞食狩りについて、筆を極めて詳細に論じている。西ヨーロッパ、特にフランスでもそうであったが、イングランドではヘンリー七世時代からエリザベス時代までの乞食狩りは熾烈であった。ここでは、エリザベス時代の記述だけをその典型として参照する。

エリザベス、一五七二年：乞食鑑札を持たない一四歳以上の乞食は、二年間使用する者がいない場合、ひどく鞭打たれ、左の耳たぶに烙印される。再犯の場合、一八歳以上ならば、二年間使用する者がいなければ、死刑に処せられる。三犯目の場合、国家の反逆者として死刑に処せられる。(1)

ここに、異物を容赦なくねじ伏せるヘーラクレース的なエリザベス朝の近代化が露呈している。乞食とはいうものの、そこには「流浪の民 vagabond」や座付きではない旅芸人(河原乞食)まで含まれていた。わが国の中世の遊行者は「聖《ひじり》」とも称され、民衆から厚いもてなしを受けたが、そのような修行者までも弾圧するのが乞食狩りだったのだ。

大がかりなケルト人の清掃

そこで、この乞食狩りと通じ合う高地スコットランドの「ゲール人＝ケルト人」の「清掃＝クリアランス」に注目するマルクスを取り上げよう。そもそも、なぜスコットランドのハイランド(高地)なのか。そこから問題にしなければならない。アダム・スミスらのスコットランド啓蒙の知識人たちは、ロウランド(低地)で活躍し、ロウランドはイングランドのヘーラクレース主義に感染していたのに、ハイランドは未開のケルト人、「酔っ払った野蛮人」が生活する辺境である。

そこに、なぜマルクスは注目したのか。

ここでは先ず、三六歳のマルクスが、「議会における戦争討論」という時事論文で、『ハムレット』を論じたヴォルテール（一六九四―一七七八）の『古代の悲劇と近代の悲劇についての論考』（一七四八年）を参照し、「ヴォルテールでさえ、シェイクスピアを酔っ払った野蛮人と呼んだほどに、イングランドの悲劇にはフランス人の感情を逆なでするような特異なところがある[2]」と語ったことに、触れておかねばならない。この時事論文は、また取り上げたい。

ズバリ言って、マルクスは「酔っ払った野蛮人」が嫌いであった。彼の故郷トリーアでは、「聖衣巡礼」「カーニヴァル」という「酔っ払った野蛮人」の祝祭が盛んであり、キリストが着衣していたと信じられた「聖衣」を目指して、人口一万のトリーアに、一八四四年（マルクス二六歳）には「延べ百五万人が押し寄せた[3]」という。この巡礼を『ルイ・ボナパルトのブリュメール一八日』の末尾で反革命的な迷信行為と決めつけた三四歳のマルクスは、「酔っ払った野蛮人」のようなハムレットに出会って屈折する。だから、近代的知性の持ち主ヴォルテール「でさえ」シェイクスピアを「酔っ払った野蛮人」と呼んだかのように、つまり自分の思いをヴォルテールのせいにするかのように屈折したのである。こうした屈折はスコットランド高地のケルト人に対しても見られるのだ。

一八世紀後半、イングランド国内に、ヘーラクレース主義（物質主義や合理主義と呼ばれる）に対する文化的な反乱、ロマン主義が起こり始める。自然は従来は脅威と見られていたが、ロマン主義の美意識は未開の自然を評価の対象とするに至る。これに伴い、野蛮人と見られてきたケルト人の評価も変化した。「暴力的で気位が高く規律がなく迷信深い」というローマ的評価は、ケルト征服によって安心した人々によって、「名誉を重んじ、豪胆で、客人をもてなす」古代の規範の具体例として魅力的なものに逆転する。「危険な野蛮人から高貴な未開人」へ、というわけだ。これをケルト・マニア（ケルト熱、ケルト・ブーム）と呼ぶ。

一七六〇年代、スコットランド人のジェームズ・マクファーソンの『オシアン』の詩の出版からケルト・マニアが始まる。発表された詩は、中世初期の伝説的なケルト人の吟遊詩人オシアンの作品の翻訳だったが、実は偽作であった。それでも、イングランドのみならず、全ヨーロッパでベストセラーとして絶大な影響力を持った。制度化されたキリスト教に幻滅し、産業社会の醜さに失望した知識人は、ケルトの密教集団ドルイドの自然信仰にあこがれたのだった。ウィリアム・ブレイク（一七五七―一八二七）やウィリアム・ワーズワース（一七七〇―一八五〇）の詩は、ドルイドの宗教の復活を目指す幾つかの団体をもたらした。[4] マルクスが、スコットランド高地を「近代ロマン主義文学の約束の土地」と呼んだ時、このブームを意識していたことは明らかであろう。

本来の意味での「土地の清掃」が何を意味するかは、近代ロマン主義文学の約束の土地スコットランドの高地地方でしか知ることはできない。その地では、その清掃の経過が、その組織的性格によって、一挙に為された規模の大きさによって（アイルランドでは、地主たちはいくつかの村を同時に清掃する程度だったが、スコットランド高地ではドイツの公国ほどの大きさの地所が清掃された）、最後に横領された土地所有の特殊な形態によって、際立っているからである。[5]

こう語るほど、マルクスは、この清掃を重視した。一九世紀に支配的であった清掃の方法の実例として、マルクスはサザーランド公爵（スコットランドの大地主で、ホイッグ党の議員、一八〇六―六八）の夫人が断行した清掃を挙げる。彼女の祖先は、スコットランドの最北部、サザランドシァのほぼ四分の三を占める地方の「首長＝グレイト・マン」であった。[6] 一八二五年、一万五千人のケルト人は、イングランドの兵士を動員した彼女のヘーラクレース並みの「清掃」によって、十三万一千頭の羊に置き換えられた。彼女は自分の一族のために血を流してくれた氏族員たちを海浜の荒蕪地《こうぶち》に投げ出し、痩せた土地を賃貸しした。ケルト人は陸上と海で生計を営む両生動物として、かつての生活の半分の暮らしを強いられた。

問題は、ケルトの氏族 clan の「首長」による、「ロンドンの宮廷の浪費に感染してしまった[7]」首長による、配下の氏族員の収奪だった。価格に振りまわされる生活は「首長」から始まったのだ。魚の臭いに儲けの臭いを嗅ぎ取った首長は、かの海浜をロンドンの大規模な魚商に賃貸しし、氏族員はそこからも追い出されたのである。マルクスは、首長にだまされた原因を、氏族員が共有していた「山岳ロマン主義的偶像崇拝(8)」に求め、ケルト人の「勇敢な、けなげな(9)」人の良さを指摘する。ケルト人を「勇敢」なものと見なすのはいいとして、ケルト人の共同体的な結束を「近代ロマン主義文学」と同質の「山岳ロマン主義」と見なし、しかもそれを「偶像崇拝」と決めつけるマルクスは冷たいと評するしかないだろう。ここに私は、氏族共同体の共同労働を評価しきれないヘーラクレース的なマルクスの片鱗を見る。

ケルト人の既製品に頼らない生活

現に、アダム・スミスと同郷の後継者、経済学者・哲学者デューゴルト（あるいはドゥガルド）・スチュアート（一七五三―一八二八）は、「統計」の報告から高地スコットランドのケルト人の労働に、一人で幾つもの職人を兼ねる兼業家を見出したが、これを参照したマルクスは、そこに「共同労働」ではなく、近代の工業によって引き裂かれる運命にある「本源的な多彩さ(10)」しか見ていない。マルクスが引用したスチュアートの文章を、引用されていない部分も含めて参照する。

大ブリテンでも違った場所では、手を使う操作の一本化＝単一化 simplification にも、まったく異なった度合いの具体例を集めることができる。例えば、農夫が自分の家族の肉屋でもありパン屋でもありビール醸造人でもある社会状態から、ピンの工場制手工業に見られるように洗練が広く行き渡り、ほとんど滑稽なほどに極端化された状態まであるのだ。統計的報告によれば、高地スコットランドのある場所では、つい最近まで、どんな農夫も自分でなめした皮で自分の靴を作ったという。多くの羊飼いや小屋住み農夫もまた、自分たちの手だけで作られた衣服を着て、妻子とともに教会に現れたという〔ここまでは、マルクスが一部だけを、しかも原文を変えて引用している。以下は原文に忠実な引用〕。その素材は、自分で刈り取った羊毛や自分で栽培した亜麻であった。衣類を作るときも、穴あけ針、縫い針、指しぬき、織るときに使われるごくわずかの金具類を除いては、買った物品をほとんど使用していなかった。染料も、女たちが自分で樹木や潅木や草本から作ったものだった、等々。(11)

スチュアートは、スミスが美化したピンのマニュファクチャには無知な大衆を生み出す弊害があると主張した師アダム・ファーガスン（一七二三―一八一六）に従っている。そこで、分業にさらされていないケルト人に注目し、無知な農民ではなく、一人で幾つもの職人を兼ねるいわば兼業家農民を、現地調査もせずに、「統計的報告」から推察したのである。だが、この農民観は、あまりにも近代的で、共同労働によって「もやい」を紡いできた共同体の労働を無視している。シェイクスピアが熟知していた羊毛刈り取りの祝祭は、共同労働なしにはありえなかった。田植えを「結い」でしかなしえなかった昔の日本の農業を想起すべきであろう。スチュアートの描写を「本源的な多彩さ」と結論したマルクスも、共同労働など眼中になかったであろう。しかし、既製品にほとんど頼らないハイランドのケルト人が気になったマルクスに注目しなければならない。そのようなマルクスを、既製品に過剰に頼らざるをえず、価格に振りまわされるイングランドの労働者の悲惨さに目を向けるマルクスと結びつけると、あるハムレット的局面が開けてくるのだ。

混ぜ物食品を思わずつかまされる近代生活

先に触れた剰余価値論で、マルクスは機械と大工業が労働者にどのような影響を与えたかを論ずるのだが、この度は近代工場の裏側が舞台である。機械が筋力を不要にしたため、身体の未熟な、あるいは手足の柔軟な労働者として、児童労働と婦人労働とが、機械の導入に際し、ピンチヒッターとなった。その結果、家庭から工場に飛び出した婦人は、既製品に過剰に依存する生活を強いられる。

子どもの世話や授乳といった、ある種の家族機能は完全にやめるわけにはいかないので、資本に取り込まれた家庭の母親たちは、多かれ少なかれ、代わりの人を雇わなければならない。また、家庭生活に必要とされる縫いものや繕いものなどの仕事は、既製品を買うことで間に合わせるほかはない。こうして、家事労働の支給が減るのに対応して、貨幣支出が増える。…こうした事実は、公認の経済学では、隠蔽されている…。[12]

ここには、価格計算によって大所高所から資本による労働者の搾取を論ずるのではなく、公認の経済学で隠蔽されている婦人の家事労働のあり方に踏み込もうとするマルクスの構えが確認できる。ここには、マルクスのマーキュリー的な傾向（あくまで傾向にすぎないとしても）を嗅ぎ取ることもできよう。

共同体との絆を断ち切られ、「安くて便利な」既製品に頼り切る生活、今日の核家族化したマイホームの生活を予告するような生活は、皮肉なしっぺ返しを受ける。マルクスは、一八六四年のマンチェスターの幼児死亡数が二万六千であったことについて、こう述べる。

一八六一年の政府検診で、地域事情を別とすれば、この高い死亡率は主として母親の家庭外就業と、それに由来する子どもの放置や虐待が原因となっていることが明らかになった。

例えば、不適切な食事、栄養不足、阿片剤その他の投与、さらには不自然な母子隔離、その結果として、意図的に食事を与えなかったり、毒物を投与すること等である(13)。

注目すべきは、幼児に阿片を投与する母親の存在だ。マルクスは、売れ筋の商品として阿片を売りさばこうとする薬屋と、その悪魔のささやきに乗せられてしまう男女の成人労働者について、こう述べる。

イングランドでは、工場地区と同じように、農業地区でも、男女の成人労働者の間で阿片使用が広がっている。「阿片販売を促進することは…企業的野心のある幾つかの卸売商の大きな目標となっている。薬屋は阿片を一番売れ行きのよい商品と見なしている」(ハンター報告)。阿片剤を飲んだ幼児たちは「小さな老人のようにしわが寄ったり、小猿のように縮んだりした」(同前)。インドと中国がいかにイングランドに復讐を遂げているかが分かる(14)。

マルクスは、ヘンリー・ジュリアン・ハンター(一八二三―一九〇八)という良心的な医者の報告に依拠し、阿片を毒物として、科学者の高みから、労働者の悲惨を描写している。だが、他方では、モルヒネとしての阿片については、「ケシの莢《さや》、小麦粉、ゴム液、粘土、砂など(15)」の混ぜ物が多く出回っていることを非難する。要するに、モルヒネの薬効が薄められているというわけだ。マルクスほどの知識人でも、モルヒネともなると、毒物としてよりはむしろ薬剤として評価しているということであろう。ましてや、阿片について科学的知識のない労働者が、今日の栄養ドリンクのように、阿片が混入した飲料を「安くて、便利で、おいしい」商品として、安易に購入しても不思議ではない。現に、マルクスが「阿片のようなもの」として言及している「ゴッドフリーの気付け薬[16]」は、甘くて美味な栄養ドリンクだった。泣き止まない幼児を黙らせ、すやすやと寝させてしまう「気付け薬」が、若い母親にとって魅惑的であったことは、想像に難くない。したがって、母親が阿片の混ぜ物を本物の栄養剤と取り違えていると、科学者の上から目線で指摘するだけではすまないのだ。

今日、日本の若者の四人に一人がアトピー炎であるが、それは農薬などの複合汚染の結果であろう。しかし、農薬や添加物の毒は時間が経たなければ分からないだけでなく、特定は困難を極める。マルクスの時代でも、阿片の毒は気づきにくいものだったに違いない。「安くて、便利で、おいしい」と思って買わされてしまい、思わぬものをつかまされていても、気づきにくい事態は、昔も今も変わらない。こうした事態に、マルクスも触れていないわけではない。加工業者の近代的な体質、地域の共同体から切れ、混ぜ物をしても非難されない自由について語る時だ。

そもそも自由な取引というものは、本質的に、混ぜ物の取引だ。イングランドの気の利いた言い方で言えば、手の込んだ細工を施された素材 sophistcated stuff の取引である。[17]

「本質的」という表現こそ、近代の特徴を言い当てている。ローマ帝政以来変わっていなかった古風な製パンまで、「信じられないようなパンの不純物混和[18]」をするよう「手の込んだ細工」をそそのかすのが近代なのではなかろうか。共同体の絆から解放された「自由な」生産者や商人は、商品を遠方へ時間をかけてでも輸送する。ことに、グローバルな国際価格との競争を強いられた場合、商品は腐りにくく見かけがよく安くなければならない。そこで商品には、防腐剤のような手の込んだ混ぜ物が不可欠になる。このように、ほとんどの商品が混ぜ物という時代に、消費者として労働者はどういう事態に巻き込まれるか、それが今日的な『資本論』の問題になるであろう。

そこで、混ぜ物をつかまされ、思わぬ「症状」をつかまされる事態を、シェイクスピアのキドプロコという表現で捉えなおし、ハムレットに向かわなければならない。キドプロコというラテン語は、「何ものか《キド》」の「代わりに《プロ》」「何ものか《コ》」という、まことに素っ気ない言葉である。しかし、何ものかを別のものと「うっかり取り違える」という意味から、何ものかと思っていたのに別の何ものかを「思わずつかまされる」という意味まである。マルクスは「キドプロコ」という時事論文を書いたほどに、シェイクスピアのキドプロコに通じており、「取り違え」という意味で用いることが多い。しかし、「思わずつかまされる」キドプロコを、ハムレットに出没した父の亡霊に嗅ぎつけたことこそ、注目に値する。

注

(1)『資本論』、一二六〇頁。
(2)「議会における戦争討論」、一八五四年、『全集』、一〇巻、一八一頁。
(3)的場昭弘『トリーアの社会史』、未来社、一九八六年、一〇五頁。
(4)ジョン・ヘイウッド『ケルト歴史地図』、東京書籍、二〇〇三年、一二八―一二九頁。
(5)『資本論』、一二四八頁。
(6)「サザランド公爵夫人と奴隷制度」、一八五三年、『全集』、八巻、四八九頁。初版『資本論』公刊に四年先立つこの時事論文は、マルクスのスコットランド高地への深いこだわりを物語る。
(7)同前、四八八頁。
(8)『資本論』、一二五二頁。
(9)同前、同頁。ドイツ語の brav のニュアンスは「人の良さ」「立派さ」を示すが、英語の brave には「野蛮な barubarus」に由来し、「勇敢な」のニュアンスが強い。この語を用いたマルクスは、「野蛮」な未開人と「勇敢な」未開人との間を揺れ動いていたのかもしれない。
(10)『資本論』、八三六頁。
(11)同前、八三九頁、強調は引用者。*The Collected Works of Dugald Stewart*, ed by Sir W. Hamilton.vol VIII.

Edinburgh. 1855. Lectures on Political Economy. p. 327からの引用。

(12)『資本論』、六八四頁の注一二一。

(13)同前、六八八頁。強調は引用者。

(14)同前、六九〇頁。

(15)同前、一〇三四頁。

(16)同前、六八三頁の注一二〇。皮肉なことに、「ゴッドフリー Godfrey」とは、「神の平和」という意味だった。「フリー↓フレイ Frey」は、北欧神話の「平和・繁栄・豊饒の神」。「平和《ピース》」がいかに安全から程遠いものであるかを象徴するような商品名だった。

(17)同前、四二五頁。

(18)同前、四二四頁。

第7章

ハムレットのキドプロコ

奇妙な混合としての亡霊

先に触れた「議会における戦争討論」、ヴォルテールのハムレット論を参照しているマルクスの時事論文を再び取り上げよう。

ヴォルテールでさえ、シェイクスピアを酔っ払った野蛮人と呼んだほどに、イングランドの悲劇には、フランス人の感情を逆なでするような特異なところがある。その特異なところの一つは、崇高なものと下劣なもの、恐ろしいものと滑稽なもの、英雄的なものと道化的な

ものとが、奇妙に・独特に eigenartig 混ざり合っている、ということである。(1)

注意したいのは、ヴォルテールがシェイクスピアを「酔っ払った野蛮人」と呼ぶどころか、特に『ハムレット』を高く評価し、ヨーロッパ近代の合理的理性に回収できない深みを、樹木崇拝のケルト的野性さえ、感じ取っていたことである。

この『ハムレット』という作品は、酔っ払った野蛮人の空想の所産だと思う人があるかもしれない。しかし、イングランド演劇を、今日なお、かくも不合理で野蛮に見せるのが、こうした粗野な不条理だとしても、『ハムレット』には、それを上回る突飛さと並んで、偉大な天才に値する壮大な思想が見出される。(2)

シェイクスピアの輝かしい化け物たちは、近代的な知恵より数千倍も好ましく思われます。現在に至るも、イングランドのこの詩的天才は、自然が生み落とし生い茂った樹木に似ています。野放図に枝分かれした無数の枝が繁茂し、不揃いに増殖してゆき、しかも力強い樹木に。(3)

マルクスは、「ヴォルテールでさえシェイクスピアを酔っ払った野蛮人と呼んでいる」などと、事実に反したことまで口走った。先に指摘したように、ヴォルテールのせいにしなければならないほど、マルクスは『ハムレット』の亡霊の「突飛さ」に驚き、彼のヘーラクレース的理性は及び腰になっていたのである。だからこそ、突飛な亡霊を「奇妙な混合」と評してしまったのだ。現在に至るも、ハムレットに出没した父の亡霊は、息子に自分の死の真相（叔父クローディアスに毒殺されたこと）を告げたとの解釈が支配的である。だから、「奇妙な」と評しながら、「真相」とは無縁の「混合」に気づいたマルクスの解釈は、他の追随を許さぬユニークなものであったことを、知らねばならない。

梅毒を自白する亡霊

さしあたり、一幕五場に出没した亡霊の物言いについて、最低限の指摘をしておこう。亡霊は、「ワシはそなたの父の霊《スピリット》であるぞ」と名乗り、崇高な英雄を気取りながら、「生前に正義に反する犯罪を数々犯した」と自白までしている。これだけでも、この亡霊が突飛であることが分かるだろう。「恨めしや」と訴える『四谷怪談』のお岩さんとは似ても似つかない亡霊なのだ。

さらに、「デンマークの耳全体がでっち上げられた（蛇に噛まれて死んだという）噂で欺かれている」

と言いながら、滑稽にも「自分の両耳を耳栓で塞ぎ」[4]、噂を恐れる小心ぶりまでさらしてしまう。「手に手を取って婚姻の誓いを立てた」と言いながら、妻を裏切り「生ゴミ＝売春婦 garbage を漁り」「滑らかな全身をカサブタに覆われ」梅毒にかかったことまで自白してしまう。

要するに、ハムレットは、崇高で恐ろしく英雄的な父の代わりに、はからずも、下劣で滑稽な道化的な父をつかまされていたのだ。三六歳のマルクスは、この突飛な亡霊に「奇妙な混合」を感じ取っていたのである。

ハムレットのきわどい分裂

だが、シェイクスピアのキドプロコの描き方は、マルクスが察知した亡霊の「混合」よりもずっと深い何ものかを示唆していた。初期の『間違い《エラーズ》の喜劇』は、間違ってしまうほどに酷似した二組の双子によって混乱が起こる喜劇で、「取り違え」としてのキドプロコが濃厚であった。だが、シェイクスピアは、多くの作品を実験台にキドプロコに磨きをかけ、『ハムレット』では、父を絶賛しているハムレットの物言いの中に、ハムレット自身の存在が「混入」するようなキドプロコを演出するに至る。母の部屋で、叔父と結婚した母をなじり、父を絶賛する三幕四場のハムレットの物言いは、前代未聞の突飛な物言いであった。

この絵姿を御覧なさい、母上。眉にみなぎる何という気品、太陽神ヒューペリオンの巻き毛、神々の神ジュピターの秀でた額、三軍を叱咤し指揮する軍神マルスそっくりの鋭い眼光、天に届くほどの山頂に降り立ったばかりの紋章官・マーキュリー the herald Mercury さながらの立ち姿。いずれの神も太鼓判を押して、これぞ男の鑑と世界に保証するほどのお方、これが母上あなたの夫だった人だ。

父を絶賛する物言いは、理性の光を象徴する太陽神ヒューペリオン、つまりアポロンに、そして天界を支配する木星のジュピター（ゼウス）に父をたとえるところまでは、何の問題もない。だが、同じ天界の金星にあたる軍神マルスとなると、武勇に優れた父にふさわしいとしても、好色で有名であり、雲行きが怪しくなる。それはともかく、これらの神が、すべてローマの神であることに注意すべきである。決定的なことは、定冠詞 the で一体化されている「紋章官《ヘラルド》」と「さすらいの神マーキュリー」が、父をたとえることができないものであることなのだ。

「紋章官」とは、王の伝令役であり、味方の軍勢に王の指令を伝える使者である。したがって、この下っ端の足軽のような紋章官を父にたとえることは、父を侮辱する場違いの物言いである。しかし、これが父ではなくハムレットの奥まった思いを「思わず」洩らしたものとすれば、どうなるか。

「紋章官」は、父王の命令を忠実に受け取る息子ハムレットであり、「紋章官」と並置され合体された神々の使者マーキュリーは、父王の命令に従いながらも、逃亡してしまう息子ハムレットだということになろう。なぜか。英語のマーキュリーはギリシャ語のヘルメスであり、ゼウス〔ジュピター〕の息子ではあるが、小文字の mercury は錬金術の「水銀」であり、ユング〔一八七五―一九六一〕が指摘するように「水銀」には逃亡性があるからなのだ。

ヘルメス―マーキュリーは、水星として、太陽にもっとも近く、それゆえ黄金にもっとも縁が深い。しかし、水銀としては黄金を溶かして腐蝕させ、黄金から太陽の輝きを奪い去る。こうして、ヘルメス―マーキュリーは、中世全体を通じて、自然哲学的思索の謎めいた対象の位置を占め続けた。それは、ある時は、助ける精神であり、……またある時は、……逃げようと機を窺い、欺きからかって錬金術師を絶望させるコボルト〔いたずら好きの家の精〕であった。(5)

父を「偉い」人、立派な人と評する息子が、「偉い迷惑」と感じていることがあるように、ハムレットも父をべた褒めしながら、ついつい気になる疑念を洩らしてしまったのではなかろうか。ここには、父の描写の代わりに、思わず「紋章官」とマーキュリーとに分裂しかかった自分の描写をつかまされるキドプロコが見られるのである。

マーキュリーに思わず変身するハムレット

このようなハムレット自身も気づかないような特異なキドプロコ、母の前で父を絶賛した時につかまされたものと同じキドプロコが、一幕五場の父の亡霊との「対話」にも、見出すことができる。ただ、ハムレットに出没した父の亡霊が、学友ホレイシオが「見た」亡霊に比べて「あるのか、ないのか、分らない」ほどに不確かなものであることに注意したい。ホレイシオはプロテスタントとして頭から亡霊を否定していたが、衛兵たちと一緒に「見た」とたん亡霊を信じてしまい、真に受けた（一幕一場）。だが、ハムレットが「見た」亡霊は、ハムレットの奥まった思いの反映として、幾重もの層をなした亡霊である。そこで、マーキュリーのいでたちが、「翼」のついたサンダル履きで、「蛇」の巻きついた杖をついたものであることに留意して、「対話」のある奇妙な局面を分析してみたい。この局面にこそ、先に予告した、カバラ的暗号がちりばめられているのだ。

亡霊は、「生前に犯した数々の不正な犯罪が焼き清められるまで、業火の中で断食し」「獄舎に閉じ込められている」と苦々しく語る。だが、奇妙なことに、昼は断食して獄舎に閉じ込められながら、夜は獄舎を出てほっつき歩いているというのだ。こんな出入り自由な獄舎など獄舎ではない。ところが、「明かすことが禁じられている」はずの獄舎の秘密を、明かそうとして、亡霊が描写した息子の反応には、獄舎を自由に出入りするヤマアラシの息子が出てくるのだ。

亡霊は、その秘密について一言でもそなたに告げたならば、燃えたぎるはずの「そなたの若い血潮は凍結《フリーズ》し」、「そなたの両の目は」水星のように軌道を外れて「眼窩《がんか》を飛び出し」、「そなたの巻き毛」は「ヤマアラシの針のように先の先まで逆立つであろう」と語る。注意すべきは、昼は土中に潜み、夜は外界をほっつき歩くのがヤマアラシであることだ。また、「水星」はマーキュリーでもあり「水銀」に通じているが、錬金術では「水銀」は「冷」（=「硫黄」は「熱」）を象徴しているからこそ、息子の若い血潮は「凍結」するのである。このように、亡霊の物言いには、マーキュリーやヤマアラシに変身したハムレットが「奇妙にも混合」しているのだ。

さらに、亡霊は、まことに珍妙なことを息子に語る。この物言いには、「耳《イアー》」と「穂《イアー》」との掛《かけ》詞《ことば》があることに注意しなければならない。

だが、この〔デンマークの〕永遠の紋章 this eternal blazon は、生身の両耳・両穂 ears of flesh and blood にあってはならんのだ。聞け、聞け、ようく聞いてくれ。そなたがかつて父を本当に愛していたならば。

（一幕五場）

多くの邦訳は「紋章《ブレイゾン》」を「永遠の秘密」などと訳しているが、ブレイゾンには目に見える「紋章」とか「公表・お触書」の意味しかない。だから、四代しか続いていない（五幕二場のクローディアスの物言い）デンマーク帝国の「永遠の紋章」は、「両耳」とは結びつかない。また、邦訳のように「しかし、この永遠の冥界の秘密を現世の人間の耳に告げ知らせてはならぬのだ」（野島秀勝訳、岩波文庫）としたら、直後に「聞け」を三度連呼する亡霊の物言いと齟齬《そご》を来たすことになろう。

要するに、「生身の両耳」は、旧約聖書『創世記』四一章の、「太った兄穂」と「やせ細った弟穂」という「生身の両穂＝生身の両国王」でなければならないのだ。デンマークの紋章は、元国王の父ハムレットにも、現国王の叔父クローディアスにもふさわしくないこと、その屈折した息子ハムレットの思いが「生身の両耳＝両穂」には投射されているのである。『創世記』については、後述する。

さらに亡霊は、殺人に触れ、復讐を示唆し、暗殺されたかのように語る。ハムレットは、暗殺者は誰か早く知らせてくれと亡霊にせがみ、復讐へと突き進むような物言いをする。しかし、復讐へと突き進むはずのハムレットは、時間をかけて「瞑想《メディテイション》」するばかりでなく、オフィーリアへの「千々《ちぢ》に乱れた恋心」（「思い」を意味するthoughtの複数形に注意）によって復讐の軌道をマーキュリーのように外れてしまうのだ。

ハムレット 急いで、急いで、知らせてくれ。翼をつけて with wings、瞑想 meditation と同じくらいゆっくり早く、あるいは千々《ちぢ》に乱れた恋心 the thoughts of love と同じくらい迷走しながら早く、復讐へと飛んでゆけるよう。

（一幕五場）

これに対する亡霊の物言いが傑作なのだ。通説では、「王冠を戴いている蛇」が父を毒殺した叔父クローディアスを指している、とされている物言いである。

亡霊 よくぞ言った。これを聞いて奮起しないようでは、そなたは忘却の川レーテの岸辺に安閑と根を張る太った雑草よりも愚鈍だということになろう。さあ聞け、ハムレットよ。噂では、ワシは庭園で睡眠中に、蛇に刺された a serpent stung ことになっておる。そこで、ワシの死についてのでっち上げられた報告にデンマークの耳全体がひどく欺かれているのだ。だが、知ってくれ、若き貴公子よ、そなたの父の生命を〔ヤマアラシの針で〕刺した蛇は、今彼の王冠をいただいているのだ。

（一幕五場）

忘却の川レーテは、わが国の三途《さんず》の川と同じように、渡る川であり、その水を飲むと記憶をすべて失う川であって、根を張る川ではない。三幕四場の母の部屋で、ハムレットが叔父のことを「白カビの生えた麦の穂」に、父をその弟穂によって「立ち枯れにされた健全な穂」にたとえたことを重視しよう。

これは、旧約聖書『創世記』四一章のヨセフ物語で、エジプト王ファラオが見た夢を改作した比喩である。その夢では、ナイル河の岸辺に根を張り「太って」いた兄穂を、同じ茎から出てきた「やせ細った」弟穂が飲み込む。だから、「安閑と根を張る太った雑草」は、ナイル河の岸辺に根を張って太っている兄穂、つまり父だということになる。

決定的に重要なことは、忘却の川レーテを渡り、月の女神アルテミスや月の三体神ヘカテ（三幕二場でハムレットが口にする）が支配する冥界＝地下世界に下るのは、マーキュリーだということである。亡霊が、「蛇に噛まれたbite」とは言わず、「刺されたsting」と語っていることに神経を尖らせよう。

亡霊は、この物言いの直前で、自分が閉じ込められている「獄舎の秘密を一言でも告げたなら…そなたの編まれ束ねられた巻き毛《ロックス》・発射装置《ロックス》locks（巻き毛《カールズ》curlsと散弾砲の発射装置との二重の意味がある）はばらけ、その一本一本は、苛立つヤマアラシの針のように、先の先まで立ってしまうであろう」と語っていた。このように、ハムレットの巻き毛はヤマアラシの千本針であり、散弾砲の砲弾は噂を暗示していたのだ。この場合、後の四幕で、父ポローニアスを殺害したのは現国王だと思いこんでいきりたつ一人息子のレアティーズ（ハムレットと酷似した立場にある！）を恐れ、発したクローディアスのセリフに注目しておきたい。

クローディアスは、「民衆はぶ厚くてthick不健全な噂にまみれ」「レアティーズの耳を、奴の父の死についてペストのように流行する噂話で汚染するブンブン蜂buzzersには事欠かぬ」「これでは散弾砲をあびるようなもの、命がいくらあっても足りぬ」（四幕五場）と語る。このクローディアスのセリフから、噂はブンブン蜂《ブザー》の「毒針」に、散弾砲の「砲弾」にたとえられていることが分かる。

だから、父を「刺した」のは、蛇に思わず変身したハムレットの巻き毛《ロックス》＝ヤマアラシの千本針だということになろう。また、デンマークの耳全体に噂（報告）を伝えるのは、苛立つヤマアラシに思わず変身し、砲弾（噂）を発射する発射装置《ロックス》としてのハムレットの巻き毛《ロックス》だということになろう。

こうして、蛇の巻きついた杖をついて冥界に下るマーキュリーに変身したハムレットは、父の悪い噂をデンマークの耳全体に伝えるマーキュリーでもあったわけだ。そこで、亡霊の物言いで、毒殺されたかのように解釈されてきた箇所を参照したい。そこには、「水銀」が登場する。

ワシは、庭園で眠っておった。午後そうするのが常の習慣だったのだから。その隙をねらって、そなたの叔父が、呪われたヘベノンのジュース juice of cursed Hebenon をビンに入れ忍び込んだ。そうして、そのライ病〔ハンセン氏病〕をもたらす蒸留液を、耳栓だらけのワシの両耳に本当に注ぎこんだのだ。その蒸留液の効き目は、人間の血液と反目するほどのもので、人体の静脈動脈のことごとくを、水銀 quicksilver のように駆け巡り、たちまちのうちに…やせ細って健全な血液 the thin and wholesome blood を凝結させたのだ。ワシの滑らかな全身は、醜くもおぞましいカサブタに覆い尽くされた。…こうして、ワシは、午睡《ごすい》のさなか、弟の手によって、生命も王冠も妃も一時に奪われ、罪の花が満開のさなかに不意を衝かれ、…ワシの頭はありとあらゆる欠陥をいただいたままに、最後の審判に突き出されたのだ。恐ろしい、恐ろしい、なんと恐ろしいことか。…　（一幕五場）

シェイクスピアの造語ヘベノンは、同時代のライヴァルのクリストファー・マーロウ（一五六四―九三）の『マルタ島のユダヤ人』に出てくる、口に入れるべき毒液「ヘボンのジュース」を、「耳栓だらけの両耳」に注ぐべきものに変えている。耳に入るべきは噂であろう。だから、「呪われたヘベノンのジュース」は、即座に果汁とは無縁の「蒸留液」に置き換えられ、「水銀」にさえ置き換えられたのだ。「生き生きとした銀 quicksilver」は、父の悪い噂をデンマークの耳全体にまで振りまくマーキュリーを暗示し、梅毒によって「やせ細った《スィン》」父の「健全な血液」を駆け巡る。

だから、弟によって暗殺されるどころか、罪の花を満開にさせ、頭にあらゆる欠陥を王冠の代わりにいただく父の亡霊は「恐ろしい」を連発したのである。

「水銀」は、小文字の「マーキュリー mercury」でもあり、「クイックシルヴァー quicksilver」でもあるが、「生き生きとした《クィック》」という意味の quick に注目しなければならない。ハムレットは、「死者 the dead」に対し、「生者 the quick」（五幕一場）と表現しているように、現代では「素早い」しか意味しないクイックは「生き生きとした」という古い意味があった。『恋の骨折り損』には「あの子は妊娠している she is quick」（五幕二場）という用例が見られるが、クイックには母性との関連があった。だからこそ、錬金術では、金属の父である硫黄に対し、水銀は金属の母と呼ばれるのである。東洋の陰陽五行では、硫黄は陽であり水銀は陰であるが、それと同じように「水銀＝マーキュリー」は陰の世界に通じていた。こうして、マーキュリーは、翼で天界の理性の世界に飛翔すると同時に、蛇のように冥界に下る。

ジュリアス・シーザーは、『ガリア戦記』（第六巻の一七）で、マーキュリーこそケルトで一番崇拝されている神だと証言している。実際、樹木を崇拝し、石は生きていると信じるケルト世界のマーキュリーは、自然をねじ伏せるヘーラクレースとは似ても似つかない。『ハムレット』には、父の亡霊の物言いのせいにして、マーキュリー的なハムレットを思わずつかまされながら、本人がそれに気づかないいきわどいキドプロコが描かれていたのである。

そのような観点から、『資本論』を見直せば、ある今日的な課題が浮かび上がってくるであろう。

注

(1)前掲、『全集』一〇巻、一八一頁。
(2)ヴォルテール、バビロニアの伝説上の女王の悲劇『セミラミス』への序論『古代の悲劇と近代の悲劇についての論考』(一七四八年)、『全集』一〇巻、ディーツ版編者による注一〇八のドイツ語訳の重訳。
(3)ヴォルテール『哲学書簡』の一八。
(4)原文の「玄関だらけのワシの両耳に in the porches of mine ears」の「玄関《ポーチ》」こそ「耳栓」だった。
(5)ユング『心理学と錬金術I』、人文書院、一九七六年、九九頁。

第8章　価値表現のキドプロコ

前代未聞のバーボンの引用

第2章でも論じたように、マルクスは価格では表現しきれない商品の世界を感じ取りながらも、貨幣語しか問題にできなかった。マルクスが通り過ぎてしまった商品語の声を聞くにはどうしたらよいのか。ここでは『資本論』冒頭に再び戻り、マルクスが価値表現の具体例として挙げた、ニコラス・バーボン（一六三七―九八）の物言いに光を当て、どのようなキドプロコがそこに姿を垣間見させているか、探りを入れたい。マルクスが引用したバーボンは、本人の思惑を超えて、商品語を語ってしまっている。バーボンの物言いを掘り下げる試みは、『資本論』が『ハムレット』

とどのように触れ合うかを、明らかにすることにもなるだろう。

経済学者バーボンは、もともと医者であったが、一六六六年のロンドン大火の経験から一六八一年にロンドンに最初の株式組織による火災保険会社を設立、また二度下院議員に選ばれ、一六九五—九六年にかけてジョン・アスギル（一六五九—一七三八）と共に「土地担保《ランド》貸し銀行《バンク》 land bank」の設立に熱心に参画したように、政治家、実業家でもあった。

マルクスは、彼の実務体験に裏打ちされた価値表現を、『資本論』の冒頭で、異例も異例、立て続けに四回も引用している。しかも、最晩年の「老いぼれ」の著作として馬鹿にしながら。さらにまた、価格を排除する自分の大原則に反して、価値は価格だと宣言し、二種類の商品の共通項は一〇〇ポンド・スターリングだと主張するバーボンを、敢えて引用しているのだ。

その著作は、『新しい鋳貨をより軽くすることに関する物言い《ディスコース》』（一六九六年）*A Discourse concerning Coining the New Money Lighter* である。邦訳はないので、引用箇所はすべて『物言い』と略記して原文のページで表記することにする。また、バーボンには『交易についての物言い』（一六九〇年）*A Discourse of Trade* という著作があるが、これにだけは邦訳がある。マルクスはこの著作を参照していないが、必要な場合、久保芳和訳『交易論』（東京大学出版会、一九六六年）の頁で引用箇所を表示する。

バーボンを引用した『資本論』冒頭の脚注には二と三と七もあるが、脚注の八に集中したい。

そこには、『物言い』の原文五三頁を先にし、七頁を接木した、前代未聞の引用が見られる。本文にはマルクスのドイツ語訳が掲げられ、その脚注八にはバーボンの原文が（一部変形されながら）引用されていることに、注意されたい。

老いぼれバーボン der alte Barbon が言うように…ある種類の商品は、その交換価値 Tauschwert が同じ大きさ groß であれば、他の種類の商品と同じうま味 gut がある。同じ大きさの交換価値の物と物との間には、差異も区別も存在しないのだから（脚注八）。

（脚注八）ある種類の商品は、価値 the value が同じであれば、他の種類の商品と同じうま味 good がある。同じ価値の物と物との間には、差異も区別もないのだから…一〇〇ポンド・スターリング相当の鉛や鉄 lead or iron も、一〇〇ポンド・スターリング相当の銀と金 silver and gold と同じ大きさの great 価値 value がある。(1)

そこで、五三頁と七頁の二つの物言いを比較してみたい。五三頁と七頁との違いは、私の強調によって一目瞭然となろう。

五三頁には、「一〇〇ポンド・スターリング相当の鉛や鉄も、一〇〇ポンド・スターリング相当の銀や金と同じうま味がある An hundred pounds worth of Lead or Iron, is as **good** as an hundred pounds worth of Silver or Gold」とある。

七頁には、「一〇〇ポンド・スターリング相当の鉛や鉄も、一〇〇ポンド・スターリング相当の銀や金と同じ大きさの価値がある An Hundred Pounds worth of Lead or Iron, is of as **great** a value as an Hundred Pounds worth of Silver or Gold」とある。

両者とも、ある種類の商品と他の種類の商品との等価を主張している。一〇〇ポンド・スターリングという価格を共通項として、「銀や金」も「鉛や鉄」と等価であるとの主張は明白である。だが、五三頁では売れ筋商品が生まれつき持っている「うま味 good」が等価の中身であるかのようであり、七頁では、スミスが「交換可能な価値 exchangeable value」と形容しているように、市場で実際に売れて「交換価値」の実を示した商品の交換力の「大きさ great」が中身であるかのようなのだ。

バーボンに「取り違え」を読む

この曖昧さをマルクスは活用する。つまり、商品が生まれつき持っているように見える「使用価値」は、市場で発揮される商品の「交換価値」と取り違えられがちであり、バーボンも「老いぼれ」だけに取り違えてしまったというわけだ。ちなみに、バーボンという人名に冠された定冠詞 der（英語の the に匹敵する）は、「例の」「あの」と人物を蔑称する際に冠される定冠詞である。だから、邦訳「老バーボン」は、蔑称の定冠詞に気づいていないのだ。

老いぼれゆえにバーボンが犯した「取り違え《キドプロコ》」とはどのようなものか。それは、バーボンが思わず何をつかまされたかを問うことなく、マルクスが傍観者的に「あるものの代わりに別のもの《キドプロコ》を、うっかり取り違えた」と判断したものである。これは、シェイクスピアのキドプロコとは異質である。それはともかく、マルクスにはこう見えたはずなのだ。商品が生まれつき持っているとされる「使用価値」とも、その使用価値と取り違えられがちな「交換価値」とも違った「崇高な価値」を、バーボンはその「取り違え」によって思わず洩らしている、と。このように、バーボンを活用して「価値の実体＝抽象的な人間労働」を割り出そうとするマルクスは、ヘーラクレースのように資本の謎解きの足場を確保しようとしているのである。

ところが、先の原文五三頁や七頁の文脈に踏み込むと、こんな「取り違え」などでは処理できない物言いの不気味な襞《ひだ》が感じられてくるのである。読者をややこしい引用の詮索に引き込みたくはないが、その文脈には決定的な問題が孕まれているので、詳しく注釈を施しながら問題の焦点を明らかにしてゆきたい。

最初に、原文の五三頁から問題にしたい。それは、『物言い』の第三章「貿易収支と外国為替」の文であり、貿易収支の差額は必ずしも鋳造貨幣の金貨や銀貨で支払われる必要がないことを主張する文脈にある。「貿易収支の差額が価値通りに支払われれば、その差額の価値はどんな種類のうま味のある商品 Goods で支払われようと構わない」(『物言い』、p. 53) との主張の中の物言いである。

ここで、彼が、商品と貨幣に「宿命的に」張りついている貿易収支の差額＝価格をもみ消し、価格の天上界から、商品の「うま味＝効用 use」の下界に下降していることに注意したい。だからこそ、一見すると安そうに見える「一〇〇ポンド・スターリング相当の鉛や鉄も、一〇〇ポンド・スターリング相当の銀や金と同じうま味がある An hundred pounds worth of Lead or Iron, is **as good as** an hundred pounds worth of Silver or Gold」と、売れ筋商品の鉛や鉄の「うま味＝効用」を強調しているのである。このことは、接木された七頁の物言いが逆に下界の「効用」の世界から価格の天上界に舞い上がるものであるだけに、銘記されなければならない。

バーボンの破天荒な物言い

そこで、七頁の文脈を取り上げよう。その文脈を辿れば、安そうに見える「鉛や鉄」が高そうに見える「銀や金」と等価であるとのバーボンの思惑をはみ出す物言いに出会うことができる。マルクスが引用した「同じ価値の物と物との間には、差異も区別もない。つまり、一〇〇ポンド・スターリング相当の鉛や鉄 lead or iron も、一〇〇ポンド・スターリング相当の銀や金 silver or gold と同じ大きさの great 価値 value がある」の直前に注目したい。

そこでは、鉛や鉄の価格下落の兆しでもある「豊富さ」が問題とされている。そして、豊富な鉛や鉄が、軽いけれども「かさばる bulky」(『物言い』三章の p. 41)穀物や衣服と比較されている。原文の六頁で「腐りやすい perishable」食料品が論じられているので、ここでも「腐りやすい＝耐久性の小さい」穀物と、「さびやすい＝耐久性の小さい」鉄とが比較されているように思われるかもしれない。しかし、鉛は鉄と同じように重いかもしれないが、さびにくい金属であり、衣服は穀物と同じように軽くてかさばるけれども、腐ることはないであろう。だとすると、比較で問題となる共通項は、重量でも耐久性でもなく、「かさばり」となろう。当時のイングランドでは、鉄鉱石が盛んに採掘され、頑丈な大砲や鋭利なナイフの製造に欠かせない「鋼鉄 Steel」(『物言い』、p.

6) の生産は過熱し、コークスのために森林が伐採され禿山が増えたことに留意されたい。要するに、鉄は供給過剰の傾向を示し始めていたということだ。

> ある日用品 one Commodity が豊富 the Plenty〔定冠詞に注意〕だからといって、同じ効用 use のない他の日用品の価値 the Value を変えることにはならない。鉄や鉛が豊富でも Plenty〔無冠詞に注意〕、穀物や衣服をより安価にしたり、より高価にしたりはしないものだ。鉄や鉛も Iron or Lead〔無冠詞〕、食料品の欠如や衣料品の欠如を満たすことはできないからである。
>
> （『物言い』、p. 7）

引用文の割注で、私は「無冠詞」を強調しているが、このことについては後述する。それにしても、この物言いは、「酔っ払った野蛮人」の破天荒な物言いではないか。「豊富な鉄は、食欲を満たさない」と言っているに等しいのだから。

食料品の穀物の効用や衣料品の効用と何の関係もないのに、鉄や鉛の持つ効用が、それらとあえて関係づけられているのだ。なぜ、無関係のものが、あえて関係づけられているのだろうか。無冠詞に注目すれば、バーボンが鉛より、なによりも鉄の「豊富さ」を気に病んでいることに気づくであろう。この一見したところ奇妙な物言いは、鉄が「豊富」と紙一重の「過剰なもの the surplus」（『物言い』、p. 49）となり、鉄の「効用」が失われることを恐れ、もみ消す物言いだったのだ。

無冠詞が洩らすもの

では、無冠詞とは、どういうものなのか、要点を簡潔に述べてみよう。語学の達人で、ドイツ語を筆頭にフランス語・英語・ラテン語・ギリシア語・サンスクリットまで習得した関口存男《つぎお》（一八九四―一九五八）の無冠詞論（『冠詞』第三巻、三修社）の助けを借りる。(2) 関口は、形式文法を斥け実感文法を創始した偉大な語学者である。彼が挙げた無冠詞の用例を一つだけ参照する。先ずは、こなれない日本語でドイツ語を直訳しておく。

困窮《こんきゅう》も鉄を砕くことがある。 Not bricht Eisen.

ドイツ語の Not は英語の need と同根で、「必要」「困った事態」「窮乏」「困窮」を意味する。それが、無冠詞で、つまり定冠詞であれ不定冠詞であれ、冠詞を脱落させて主語として挙げられている。動詞は「破る」「壊す」「砕く」を意味する brechen（英語の break に該当）の変化形。「鉄 Eisen」は英語の iron に該当する。

日本語では「窮すれば通ず」というが、このドイツ語も同じような意味あいのものだ。「困窮」というとマイナス・イメージしかない。困った、困ったと「困窮」にがんじがらめになり、「困窮」を気に病んでいる人が、その鬱憤を晴らすように高く掲げるときに、冠詞が脱落する。これが、関口の解釈である。無冠詞を日本語の助詞「も」で翻訳していることに注意されたい。

　日本語の助詞「も」の用法を実感に従って味わいたいものである。「酒もたまにはよい」が典型であるように、「酒」にあてられうんざりしている人が、うんざりさせられてきた酒を「も」で挙げることにより、鬱憤を晴らし、酒に理解を示したふりをする物言いではなかろうか。酒にうんざりしていなければ「酒は百薬の長」と「は」を使い、「酒が飲みたい」と「が」を使う。私のような大酒のみは、二日酔いのときだけは「酒もほどほどに」と「も」を使う。このように、ゲルマン語系のドイツ語や英語の無冠詞には、鬱憤を晴らし、主語に対するこだわりをなかったようにする面もあるのだ。関口は、無冠詞にもっと多面的なものを洞察しているのだが、ここではこの一面だけ指摘すれば足りるだろう。

「かさばり」を思わずつかまされる

　さて、先の物言いに引き続く物言いでは、「豊富な」鉄製品の身代わりに、決して暴落することがないと見込まれる金製や銀製の皿（食器）やレース（装飾品）が日用品として持ち出される。暴落しない日用品を「鏡」とすることで、食器でも装飾品でもありうる鉄製品（ナイフなど）が過剰となる危機がもみ消されている。過剰在庫によって「倉敷料＝倉庫保管料」（『交易論』、五六頁）が「かさばる」ことを恐れるバーボンとしては、そうならざるをえない物言いだったのだ。

金と銀も、鉛や鉄に劣らぬ日用品であるから、豊富か稀少かに応じて、金製や銀製の物、例えば皿やレース等々を、より高価に、あるいはより安価にするであろう。しかし、そうした皿やレースは、穀物や衣服や鉛や鉄といった日用品の様々な効用を満たすことはできないのだから、穀物や衣服や鉛や鉄を、高価にしたり安価にすることはできない。

（『物言い』、p.7）

こうした一見奇妙な物言いの直後にマルクスの引用箇所が来る。しかし、その問題の物言いの直後の物言いを参照したい。決定的なことに、そこでは「ほどなく」現金に換金されなければ過剰となる商品が気にされている。

だから、一〇〇ポンド・スターリング相当の衣服は、言うまでもなく、中品質のコニャックであるフィーヌと同じ大きさ great の価値があるのである。一〇〇ポンド・スターリング相当の穀物や畜牛を持っている人は、現金で in Money 一〇〇ポンド・スターリングを持っている人と同じように金持ち Rich なのだ。というのも、その人の穀物も畜牛も、ほどなく soon 同額の現金に〔錬金術的に〕変じうるからである。（『物言い』、pp. 7-8。強調は引用者）

こうして、ようやくマルクスが引用したバーボンの七頁の物言いに肉薄できる。その際、「価値 Value」は、価格しか意味していないことに注意しなければならない。バーボンは、「価値は価格でしかない」と明言している。確かに価格は不確実なものであり、「いつでもどこでも同じではない価格」「決して確実ではない価格 Price」（『物言い』、p. 6）だとしても、バーボンにとって、価値はあくまで価格なのだ。そして、ここ七頁では五三頁とは逆に、バーボンは効用の下界からその価格の天上界に舞い戻っているのだ。「命がけの飛躍」を成し遂げ、「ほどなく」売れて現金になる天上界に舞い戻らなければ、「豊富」な鉄の運命は危ういのである。

〔にもかかわらず〕同じ価値〔＝価格〕の物と物との間には、差異も区別も存在しない。つまり、ある日用品は、同じ価値〔＝価格〕the same Value の他の日用品と同じだけのうま味があるgood のである。一〇〇ポンド・スターリング相当の鉛や鉄も〔無冠詞〕、一〇〇ポンド・スター

リング相当の銀や金と同じ大きさのgreat価値があるのだ。（『物言い』、p. 7）

ここ七頁では、商品の「豊富さ╫過剰」をもみ消そうとするあまり、効用の差異の強調に傾いた。「豊富な鉄は食欲を満たす食用品とは違う」との効用の差異の極端な強調に走りすぎたために、逆に「差異も区別もない」価格の天上界に舞い戻らざるをえなかったのだ。五三頁の下降と七頁の昇天の相反する動きに「取り違え」を察知したマルクスは、この同じ相反する動きの襞に触れかかってはいたが、見逃してしまったのだ。この襞は、鉄のカサバリを偏執的に気に病み、鉄を鉛とともに無冠詞で挙げてしまうバーボンに肉薄することによってしか触れることのできないものである。

天界に飛翔し地下世界に下降するマーキュリーのようなバーボンも、自分のこの屈折に気づくことはできなかった。なぜか。価値は「効用」だとし、効用には「精神の欠如want を満たす効用」と「肉体の欠如を満たす効用」があるとの両刀使い（『物言い』、pp. 2-3）のせいである。前者は価格の天上界に、後者は品質の俗界に関連している。価値を「効用」でねじ伏せようとするヘーラクレース的な構えが、彼のマーキュリー性をもみ消していたのである。

鉄の「豊富さ」が鉄の効用を失いかねない「かさばり」に変じてしまう危うさを、鉄にはあくまで効用があると思い直してもみ消す。豊富な鉄「も」、鋭利なスチール製のナイフならば、「精神の欠如を満たす効用」によって、金持ちが高く買ってくれるだろう。豊富な鉄「も」、銀製のスプーンではなく鉄製のスプーンならば、「肉体の欠如を満たす効用」によって、安物を好む庶民に大量に買ってもらえるだろう。このように、「効用」という言葉は、ご都合主義の固定観念となっている。だから、この固定観念に縛られているかぎり、鉄商品の肉体が語る商品語の「かさばり」の声を、聞き取ることができないのだ。この通念、固定観念の不気味な威力については、終章で問題にしたい。

このように、バーボンは「効用」という言葉に縛られてはいたが、「命がけの飛躍」には敏感であったこと、「余分量」という言葉で「かさばり」を気に病んでいたことを、『交易論』に確認して本章の結びとしたい。

> 商人は、買い取ったうま味のある商品 Goods をいくらで売るべきか知ることは不可能である。商品の価値が相場 Occasion と分量 Quantity との間の差異のいかんにかかっており、商人が観察を怠らず気をつけていなければならない肝腎なことなのに、あまりにも多くの事情が絡んでいて、知ることは不可能だからである。したがって、商品の豊富さ the Plenty が価格を下げてしまうとしても、その余分量 the Quantity が消費され価格が上がるまで、商人は商品を抱え込む[(3)]。

商品の「命がけの飛躍」に鋭敏であり、商品の「かさばり」を気に病んでいたからこそ、バーボンは「豊富でかさばった」鉄商品を無冠詞で挙げざるをえなかったのである。彼は、商品の価値をつかんだつもりが、思わず商品の「かさばり」をつかまされ、それを他の商品を鏡とすることでもみ消していたのだ。この屈折の襞は無冠詞に察知しうるのである。

注

（1）『資本論』、六四頁。
（2）拙論「関口存男の冠詞論と大野晋の助詞論」（『環』vol. 4、藤原書店、二〇〇一年冬号）を参照されたい。
（3）『交易論』、五六頁。

第9章
生皮《ハイド》のキドプロコ

『ハムレット』の生皮

マルクスは、商品を、飼いならしがたい「生皮《ハウト》Haut」にたとえた。私の世代ならば、すぐピンとくるように、あのアメリカのテレビ番組『ロー・ハイド』の「生皮《ハイド》」にあたるのが、マルクスの「生皮《ハウト》」なのだ。これまで、その生皮が、シェイクスピアが絶妙に活用した英語の「生皮《ハイド》hide」に由来することを、問題にした人はいない。しかし、商品を「生皮」にたとえたマルクスからは、商品という「怪物」を退治しようとするヘーラクレース的な面ではなく、マーキュリー的な面が浮上してくる。そこで、先ず、『ハムレット』の五幕一場で、オフィーリアの墓を掘っている墓掘り人が「生皮」をどう使っているか、確認しておこう。

ハムレット　人間は土の中で、どのくらいで腐るのかな。

墓掘り　死ぬ前から腐っていなけりゃ、だってこのところ梅毒病みの死体が多いんでね。…そうでなけりゃ、八、九年は持つかな。皮なめし屋なら九年は持つね。

ハムレット　皮なめし屋はなぜ持ちがいいのかね。

墓掘り　だってさ、商売柄、やつの生皮hideはたんとなめされてるんで、長いこと水をはじくからでさあ。…

墓掘り人は、「アダムが土を掘り、イヴが紡いでいたころ、土地持ち紳士《ジェントルマン》はどこにいた」という民謡の一節を口ずさんでいた。一三八一年の有名な農民一揆を、ワット・タイラーと共に指導したジョン・ボール（一三三八?―八一）は、この民謡によって農民を鼓舞したという。マルクスの同時代人ウィリアム・モリス（一八三四―九六）の著作に『ジョン・ボールの夢と王の教訓』があることは、今日、味わうべきことかもしれない。モリスは、フランス語訳の『資本論』を熟読したほどにマルクスに傾倒しながら、きわめてマーキュリー的工芸家であり、日本の民芸運動の指導者である柳宗悦《やなぎむねよし》（一八八九―一九六一）にも影響を与えている。

それはともかく、墓掘り人は、農民一揆に共鳴するほどの反乱分子でありながら、同じ底辺の民衆、恐らくはユダヤ人の皮なめし屋に対しては、差別意識丸出しだった。皮なめし屋は、商売柄、自分の「皮＝皮膚《スキン》 skin」までなめしているので、憎らしいことになかなか腐らないというのだから。しかし、九年で腐るなめし皮屋の腐りにくい死体は、死ぬ前から腐っている梅毒病みの死体とは違う常人の「八、九年」で腐る死体と、腐り方では大差ない。だとすれば、なめし皮屋を差別的に引き合いに出した墓掘り人は、余命いくばくもない自分の運命が念頭をかすめ、なめし皮屋の余命のなめし方に話題を逸らした、と受け取ることもできるだろう。墓掘り人が、なめし皮屋が商売柄なめす「生皮《ハイド》 hide」と思わず表現してしまっているのは、実はかって梅毒になり余命いくばくもない自分の「皮＝皮膚 skin」であることに、注意していただきたい。

不気味な生皮

この「生皮」の用法を鮮明に理解するために、ある印象的な歴史的事件を参照したい。シェイクスピアの先輩格の演劇人、大学出のロバート・グリーン（一五五八—九二）が、嫉妬に駆られ新進気鋭・弱冠二八歳のシェイクスピアをこき下ろした事件である。グリーンは、新約聖書「マタイによる福音書」の言葉を意識しつつ、『ヘンリー六世』のあるセリフをもじって、死の直前の懺悔録で若造をこき下ろす。マタイの言葉と並べてみよう。

> にせ預言者を警戒しなさい。彼らは羊の皮〔仮面〕を身にまとってあなたがたのところに来るが、その内側は貪欲な狼である。(1)

> …われわれの羽根で飾りたてた成り上がり者のカラスがいて、役者の生皮をかぶっていても心はトラ同然 Tygers hart wrapt in a Players hyde = hide、きみたちの誰にも劣らず無韻詩《ブランクヴァース》を書けると思いこんでいる。しかもこの上なしの何でも屋だから国中で《舞台をゆり動かせる者《シェークシーン》》は我一人とうぬぼれているのだ。(2)

グリーンの奇妙な物言い「舞台をゆり動かす者 Shake - scene」は、「槍をふりまわす」を意味するシェイク・スピア Shake - speare のもじりであり、あてつけであることは疑いない。問題は、グリーンが「女の生皮をかぶっていても心はトラ同然」というシェイクスピアのセリフを逆手に取って、「役者の生皮をかぶっていても心はトラ同然」とあてつけを言ったつもりが、思わぬものをつかまされていることなのだ。

グリーンは、マタイの言葉にならい、若造のシェイクスピアは「役者の仮面《マスク》をかぶっている」

だけの取るに足りない存在だ、大学を出ていない「成り上がりの」田舎者にすぎぬと言いたかった。しかし、彼は当の相手が発揮する不気味な力量に圧倒されていた。そこで、「仮面を剥ぐ」という伝統的な身振りを維持しきれず、シェイクスピアが皮肉に使っている「生皮」という言葉に思わず乗ってしまった。「生皮」とは、癖のある皮で、なめして飼いならすには絶妙な技を要求する。新進気鋭の劇作家を役者におとしめ、「心はむごいトラ同然」などと妬みひがみを語る

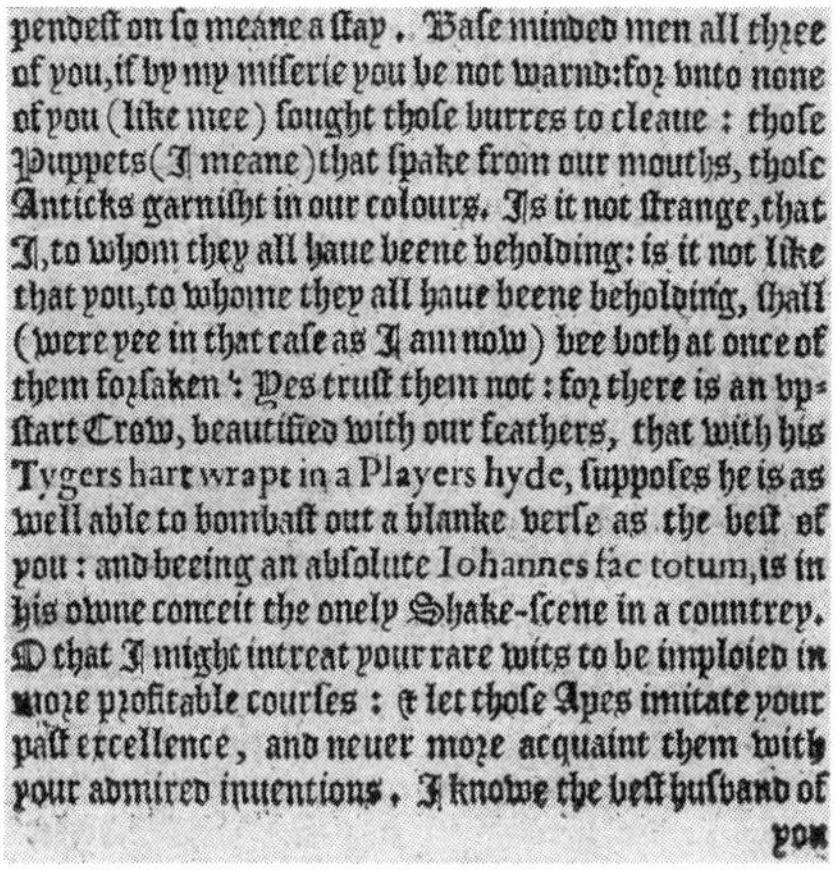
pendest on so meane a stay. Base minded men all three
of you, if by my miserie you be not warnd: for vnto none
of you (like mee) sought those burres to cleaue: those
Puppets (I meane) that spake from our mouths, those
Anticks garnisht in our colours. Is it not strange, that
I, to whom they all haue beene beholding: is it not like
that you, to whome they all haue beene beholding, shall
(were yee in that case as I am now) bee both at once of
them forsaken? Yes trust them not: for there is an vp-
start Crow, beautified with our feathers, that with his
Tygers hart wrapt in a Players hyde, supposes he is as
well able to bombast out a blanke verse as the best of
you: and beeing an absolute Iohannes fac totum, is in
his owne conceit the onely Shake-scene in a countrey.
O that I might intreat your rare wits to be imploied in
more profitable courses: & let those Apes imitate your
past excellence, and neuer more acquaint them with
your admired inuentions. I knowe the best husband of
you

「『グリーンの三文の知恵』(1592) のなかの、シェイクスピアを「成り上がり者のカラス」と攻撃した箇所。シェイクスピアの『ヘンリー六世』からの台詞——「役者の皮〔生皮《ハイド》〕に包んだ虎の心」——が違う活字で引用として記されている〔11 行目〕ことに注意。(フォルジャー・シェイクスピア図書館)」

(スティーヴン・グリーンブラット『シェイクスピアの驚異の成功物語』河合祥一郎訳、白水社、2006 年より)

グリーンのような余裕のない人間には、およそなめしようのない不気味な皮なのである。

『ヘンリー六世』の生皮

シェイクスピアは、『ヘンリー六世』の舞台で、グリーンと同じように余裕のないヨーク公リチャードに肝腎のセリフを吐かせていた。ヨーク公とは、宮廷内の熾烈な権力闘争の果てに王位を要求して立ち上がり、バラ戦争の火ぶたを切った問題の人物だ。ヨーク公は、自分の子どもを殺して、その血に浸したハンカチを眼前で振って見せる血も涙もない残酷な女のことを、こう表現する。

女の生皮hideをかぶっていても、心はむごいトラ同然。(3)

このセリフは、ヘンリー六世の妻となったマーガレットを標的として発したセリフである。マーガレットは、フランスのジャンヌ・ダルクの呪いを引き継ぎイングランドに思いもよらぬ「皮肉なしっぺ返し《キドプロコ》」を食らわせる不気味な女である。ヨーク公は、この女のトラの本性を暴こうとして「女の仮面」と言おうとした。ところが、その瞬間、彼女の底知れぬ不気味さに圧倒されてきた彼の身体がものを言って「気が逸れて distract」[4] しまう。その時、彼は思わず知らず「女の生皮」と語ってしまったのだ。

このように、相手の「仮面《マスク》」を剥ごうとしながら、「気が逸れて」しまい思わず知らず「生皮《ハイド》」をつかまされてしまうヨーク公にうってつけの言葉こそキドプロコなのである。このキドプロコには、さらに相手の描写の代わりに自分の描写を思わずつかまされるキドプロコが絡みついている。こうした重層的なキドプロコによって、ヨークやグリーンの身には皮肉な襞が生じてしまう。もっとも、彼らは身に生じた皮肉な襞を外部の相手の「生皮」のせいにして、なかったことにし、相手の憎らしい「生皮」しか意識しない。「仮面」のはずが「生皮」となってしまい、自分の「気が逸れる」ことによって生じた皮肉な襞が相手の「トラの本性」になってしまう「皮肉な」事態がキドプロコなのである。グリーンの「生皮」に生じた皮肉なしっぺ返しは、「われわれの羽根で飾りたてた成り上がり者のカラス」のせいにされてもみ消されているのである。

この「気が逸れる」ことによって自分の身に皮肉な襞が生じてしまった人は、日本語では「皮肉」という言葉を思わず知らず使ってしまう。日本語の「皮肉」が英語の「生皮」に通じていることを物語る具体例を、明治以前の日本語から取り上げてみたい。

ただ狐の生き皮を剥いで、……〔自分の〕皮肉を包み暖めさせられれば

〔文禄・慶長頃の天草本『伊曾保物語』、狼と狐の事〕

〔江戸時代の黄表紙、『心学早染草』〕

かの、いびつなる悪魂皮肉へ分けいらんとするところを

これらの例では、「皮肉」は、「骨」ではない身のうちの何か、生々しい身体感覚を示唆している。これに対し、現代の日本語の辞典を見ると、「皮肉」は自分の身体とは関係なく相手の何ものかを表現する言葉として処理されているように思われる。

例えば「皮肉を言う」は、事実と反対のことを言ったりして遠まわしに意地悪く相手の弱点をつくといったニュアンスがあるとの解釈が、支配的である。また、相手のいやらしさを表現するものとして、「あいつの言葉には皮肉な調子がある」とか「皮肉な笑い」等々の用例が引かれている場合が多い。

しかし、「運命の皮肉」とか「皮肉な結果」といった用例に明白であるように、語り手の身に切実に絡み付いてくる飼いならしがたい何かが示唆されている。だから、日本語の「皮肉」は、相手のことを表現しているような用例でも、表現者の身に生じている皮肉の襞を思わず物語っているのだ。

「皮肉」とは直接関係がないが、「偉い」という表現にも、相手のことを表現しているようでいて表現者の身に生じてしまうものが察知できよう。誰もが納得するように、「あの先生は偉いなあ」

という表現には、「偉い寒さだ」のように表現者が「困った」こと「迷惑」であることを物語っている面もありうるであろう。

日本語の「皮肉」に言えることが、英語の「生皮」にも言えるのではなかろうか。ここまできて、私は、相手の仮面の代りに思わず自分の生皮をつかまされ、しかもその生皮を相手のせいにしてしまう英語の用法が、すんなりとは実感できていないことを告白せざるをえない。そこで、私自身の体験を例にとり、日本語の皮肉のニュアンスが英語の生皮《ハイド》にも通じていることを暗示しておきたい。

私は、五十代後半、眼の調子が良くなくてメガネ屋に出向いた。すると、メガネ屋の主人から「あなたは老眼です」との宣告を受けた。それからというもの、私は、老眼を示す人々の仕草に過敏に反応し、即座に「あの人も老眼だ」と思うようになった。自分の老いを他人のせいにする、このような発作的反応を、事が済んでから反省してみると、まさに「皮肉な反応」ということになるだろう。このように、自分の身に起っていることを、思わず他人のせいにして、なかったことにすることこそ、「皮肉」と感じられるのではないだろうか。シェイクスピアが活用した「生皮」と、日本語の「皮肉」とには、ズレもあるだろうが、想像力をたくましくすれば、通底するものを探り当てることもできるのだ。

そうだとすれば、シェイクスピアの鋭い言語感覚は、古今東西の違いを超えて、わが身に切実な襞《ひだ》を抉《えぐ》り出し、日本語をさえ照らし出す、と言ってもよいであろう。マルクスが、『資本論』第二版の急所の価値形態論で、「生皮」をキドプロコとともに参照したことには、シェイクスピアの言語感覚に感じ入っていたという事情があったと推察しうるのだ。ここで確認したいのは、『資本論』以前のマルクスのキドプロコの用法なのである。

マルクスのキドプロコの用法

マルクスは、再版『資本論』に一四年先立つ一八五九年、『経済学批判』公刊の年、「キドプロコ Quid pro quo」というやや長めの時評を発表した。そこには、例のフォールスタッフが登場する。

摂政政治を行っているプロイセンの物言いや書き物には、ヨーロッパの間違いの喜劇で最近実証されたばかりのプロイセンの才能がいかんなく発揮されている。誤解する才能だけでなく、誤解される才能も発揮されているのだ。その点で、プロイセンは、自分で冗談を言うだけでなく、他人の冗談の種にもなるフォールスタッフとどこか似ている。(5)

ここに挙げられているフォールスタッフは、『ヘンリー四世』ばかりでなく『ウィンザーの陽気な女房たち』にも登場する。いずれにせよ、冗談を連発して煙幕を張りながら、ハル王子や女房たちにいっぱい食わされ冗談の種になったことに変わりはない。したがって、ここでマルクスがキドプロコを「思わぬものをつかまされる」という意味でしか使っていないことは明白である。プロイセンが犯す「誤解 mißverstehen」は「取り違え Verwechselung」と同義語だとしても、マルクスはプロイセンの「取り違え」を判定者として指弾しているのではない。『間違いの喜劇』（シェイクスピアの作品）の当事者のプロイセンは、フォールスタッフに似ている以上、「皮肉なしっぺ返し」を思わず食らっている。マルクスは、そのような「思わぬものをつかまされる」プロイセンを描いているのである。

しかしながら、同じ年に公刊された『経済学批判』では、明らかに「取り違え＝誤り」の意味で使われている。

サー・ジェームズ・スチュアート（一七一三―八〇）は、商業がさらに発展すれば、国民はもっと抜け目なくなるだろうと、思っていた。それは誤りだった。百二十年もたたないうちに、同じキドプロコが繰り返されたのだから。(6)

『資本論』第二版の第一章三節の価値形態論（注目すべきことに、初版の価値形態論にはキドプロコという言葉はない）でも、キドプロコは「取り違え」のニュアンスに傾いた使われ方をしていた。その引用の前に、第一章四節の「商品の物神的性格とその秘密」を参照する。そこでも、人間どうしの社会的関係を物と物との関係と「取り違える」倒錯がキドプロコとされている。ところが、この倒錯は単なる勘違いではなく社会的「妄想」「幻想」なのだ。

…机は商品として登場するやいなや、感覚でとらえられながら感覚を越えた物になる。机は四本脚で大地に立つだけでなく、他のすべての商品に向かって逆立ちし、〔当時ヨーロッパで流行した心霊術によって〕机がひとりでに踊り出すよりはるかにオカルト的な妄想をその木製の頭からくりひろげるのだ。(7)

このキドプロコによって、労働の産物は商品になる、つまり感覚でとらえられながら感覚を越えた物、社会的な物になるのである。(8)

したがって、類例を見出すには、宗教世界の霧につつまれた領域に逃げこまなければならない。商品世界では、人間の頭脳の産物が、それ自身の生命を与えられ…自立的な姿に見える。…私は、これを物神崇拝と名づける。(9)

生皮とキドプロコ

では、「生皮」と共に用いられた三節のキドプロコは、どうなのか。

商品の生まれつきの自然の形態だと思っていたものが意外にも〔亡霊のような〕価値の形態になる。だが、注意せよ。このキドプロコが商品の上着に生じるのは、任意の他の商品、例えば亜麻布が上着と思わず取り結ぶ価値関係の内部でしかない。…どんな商品も自分を等価物として自分に関係できないので、要するに自分自身の生皮Hautを自分自身の価値の表現にはできないので、…他の商品の生まれつきの生皮Hautを自分自身の価値の形態にせざるをえないのだ。[10]

ここでは、キドプロコは、「取り違え」の意味に解されている。しかし、亜麻布が「思わず」取り結ぶ関係のなかでしか生じないキドプロコは、「思わぬものをつかまされる」キドプロコであろう。先に触れたように、「生皮」とは、まだなめされていない皮である。それは、言いかえれば「商品の羊飼い Warenhüter」[11]にも飼いならす＝なめすことができない何ものかである。つまり、商品の額に貼りついた単なるカヴァーとしての「外皮《ヒューレ》 Hülle」のようにその裏を暴くことができない何ものかなのである。したがって、「生皮《ハイド》」という言葉は本来の裏と見かけの表との「取り違え」を指弾する立場にはふさわしくない言葉なのである。

先に参照した四節の引用でも、キドプロコは単なる物と神との「取り違え」に活用されている。しかし、三節の「思わずつかまされる」「生皮」のように、このキドプロコはオカルト的心霊術も操作しきれないような「人間の頭脳」が紡ぎだす「妄想」「霧に包まれた宗教世界」をつかまされるものなのだ。

こうして、マルクスはキドプロコの両極、「取り違え」と「思わぬものをつかまされる皮肉なしっぺ返し」との両極の間を揺れ動いているのである。

注

(1)『マタイによる福音書』七章一五節。
(2)グリーン『三文の知恵 Groatsworth of Wit』、一五九二年。強調は引用者。
(3)『ヘンリー六世』、第三部、一幕四場、小田島訳、四四頁、松岡訳、四三八頁。
(4) distract は attract（引きつける・魅惑する）の対語で、『ハムレット』では、狂気とは微妙に異なるキーワードとして用いられているが、その点については終章で触れる。
(5)『全集』、一三巻、四五五頁。

(6)『経済学批判』、九七頁。
(7)『資本論』、一二一頁。
(8)同前、一二三頁。強調は引用者。
(9)同前、一二四頁。
(10)同前、九七頁。
(11)同前、一四四頁。

終章

元手との新しいつきあい方——ヘーラクレースからマーキュリーへ

資本《キャピタル》は元手でもある

『ハムレット』には、エリザベス朝イングランドの潮流に逆らい、ヘーラクレースからマーキュリーへという逆流が察知される。このことを踏まえ、最後に、現代世界に起こっている逆流に目を向け、新しい生活のあり方の模索の姿を確認したい。その肝腎の逆流では、マルクスの『資本論』の「資本」という概念が問い直され始めていると私には感じられる。そこで、先ずは「資本」という訳語から問題にしたい。

日本語の「資本」は、いつからキャピタルの訳語になったのか。恐らく明治以降であろう。英語のcapitalは、「首都」「頭文字」「元金」を意味するが、「牛の頭caput」に由来し、頭数を意味した。したがって、キャピタルは、肉感的で庶民的な「元手」と翻訳することもできたのだった。ところが、金銭に物を言わせ、植民地獲得に血道をあげ、軍事力と技術革新によって世界を制覇しようとする欧米列強に圧倒された近代の日本は、金銭に重点を置いてキャピタルを「資本」と翻訳せざるをえなかったのかもしれない。その延長線上に、マルクスの*Das Kapital*を『資本論』と翻訳する伝統が出来上がった。その証拠に、左翼は、資本家といえば、飽くなき利潤追求の悪玉、金銭欲にまみれた悪玉と見なしてきたではないか。そうして、資本主義は悪で、矛盾を深めるものと見なしてきた。

確かに、このところ、カネ転がしのマネー資本主義が、世界を席巻している。だから、キャピタルは膨大な額の金銭の意味を濃厚に帯びてしまう。しかし、現在、静かな逆流が、日本の片隅で、例えば過疎地や離島や地方都市や、大都会の若者の間で起こっており、そこでは、「資本」というよりむしろ「元手」が問題になってきているように思われる。この逆流は、すでにあの経済の高度成長の弊害が感じられるようになった時期からすでに現れてきたのだが、先ずは完全無農薬農業の実践者を取り上げたい。赤峰勝人氏の『ニンジンの奇跡——畑で学んだ病気にならない生き方』（講談社＋α新書、二〇〇九年）を参照する。

大地をねじ伏せる近代農法

赤峰氏は、農業高校を卒業し、近代農法にかぶれ、化学肥料の匙加減に自信をもって野菜の栽培に励む百姓として出発した。

当時の日本は、小面積多品目の自給型の農業形態でしたが、農業高校では作物を絞り込んで少品目を大量生産するアメリカ型の近代農法への道を突き進み始めていました。しかし同じ土地に同じ作物ばかりつくりつづけると、やがて土壌の成分が偏り、土がやせてきて病気が出やすくなります。日本の百姓はそれを知っていたからこそ、百姓百品目で土を守ってきたのです。その知恵を切り捨て、やせた土地に大量の化学肥料を投入して、無理やり作物を育てるのが近代化学農法でした(1)。

大量生産のために大地を化学肥料でねじ伏せるアメリカ型の近代農法こそ、今なお、農民のみならず日本人の頭を支配している「正義」のヘーラクレース的亡霊である。ハムレットに出没した父の亡霊と同じように、この「正義」の亡霊の呪縛から逃れるには、ちょっとしたことに「気が触れ・震れ」なければ難しい。氏は、やがて、父から受け継いだ肥沃な畑だったのでうまくいっていたことに気づかされる。例えばピーマンの葉に大量のカビが発生したり、小さな病斑ができて葉が落ちたりするようになった。そこで、農薬は増える、化学肥料の費用はかさむ、九州地方（福岡県）を襲った大雪でビニールハウスが壊滅する等々の苦境に陥った。そんな中、バイ菌のついたピーマンの葉を拾おうとして、無意識に土をかき、ピーマンの根が全部枯れるほどに土がやせていることに気づく。

バイ菌がついたから死んだのではない、土の中で根が枯れたから、死んだのだ。だから、バイ菌を殺すために、いくら葉っぱや茎に抗生物質や農薬をまいても、無意味なのだ。(2)

こう気づいた赤峰氏は、死んだ細胞を食べるために菌がわいたのだ、という認識にまで行き着いた。そこから、人糞を使っていたときの野菜のおいしさを思い出し、徐々にではあるが、完全無農薬の農法に切り替えた。この切り替えについては、ある歴史的問題を検討する必要がある。そこで、赤峰氏には、しばらく退場していただく。

リービッヒとマルクス

第1章ですでに触れたように、マルクスは、『資本論』の一三章で、「大工業と農業」を問題にしている。彼の「母なる大地」にかかわる記述に改めて言及しておきたい。

マルクスは、「古い社会の防波堤」としての「農民」を破滅させ賃金労働者にしてしまうかぎりで、大工業の革命性を強調する。その時、彼は旧来の農業の経営を、「旧態依然の非合理きわまりない[3]」ものとして蔑視する。大工業は、農業と工業との対立を「より高い総合」へ向かわせる物質的な前提を創り出すというのである。[4] しかし、このような生産力主義的主張を述べた直後、突然、生産力のかく乱性を口にする。

資本主義的生産様式は、…他方では、人間と大地との物質代謝をかく乱する。つまり、食料品や衣料品として人間が活用した土壌の産物を再び土壌に返す過程がかく乱され、要するに肥沃な土壌が持続されるための永遠の自然条件がかく乱されるのだ。それとともに、資本主義的生産様式は、都市労働者の肉体的健康と農業労働者の精神的生活とを同時にかく乱する。[5]

したがって、資本主義的生産は、すべての富の源泉である大地と労働者とを同時にかく乱することによってしか、社会的生産過程の結合と技術とを発展させないのである。(6)

「母なる大地」の荒廃と、勤労者の心身の衰弱とを、同時に深めるのが資本主義的大工業だ。この認識は、明らかに生産力讃美とは両立しない。しかし、ここには、終末論的な大げさな論調があることに注意しなければならない。

そのようなマルクスにとって、農業経営者が「何をしているか分からない」ために土壌を疲弊させる近代農業を「略奪農法」と過激に指弾したリービッヒは、資本主義的農業の終末を示唆しているように見えたのではなかろうか。

マルクスは、脚注の三二五で、リービッヒの『化学の農業および生理学への応用』の第七版（一八六二年）を参照している。最近、この本の邦訳（部分訳）が吉田武彦氏によってなされ、北海道大学出版会から出版された。これを熟読してみて、私は「自然科学の視点から、近代農業がもつ負の側面を論じたことは、リービッヒの不滅の功績の一つである」(7)とリービッヒを絶賛しているマルクスに、「負の側面」を強調する終末論の論調を嗅ぎつけたのである。

資本主義的農業経営の「略奪」「かく乱」という負の側面を強調するこうしたマルクスの読みには、実は裏面があった。マルクスは、そのように負の側面を強調しながら、農業の近代化そのものには加担し、資本主義の終末の後の未来社会を近代化しようとするようなところがあったのだ。
そもそも、リービッヒのいわゆる「略奪農法」とは、現代の有機農法のようなテーア（一七五二―一八二八）の『合理的農業原理』を示し、それを標的としていた。簡潔に言えば、植物の栄養分を腐植と信じていたテーアの農法は、畑で生産される有機物を堆肥（厩肥《きゅうひ》）とするだけだったが、無機栄養論者であったリービッヒはそれでは足りないというのである。この立場は、近代化学の産物の化学肥料によって痩せた土壌を補い、農業の近代化を推進する立場でしかない。吉田氏は、邦訳の「解題」でこう述べている。

自給自足農業ならともかく、農業者が売る生産物中に含まれる土壌栄養分は永久に畑に戻らないのだから、厩肥の還元だけでは畑は消耗する。したがって、テーア流の厩肥を主体にした輪作農業も、やはり略奪農業として厳しく批判の対象にならざるをえないのである。(8)

リービッヒは、彼が主張する近代化学の枠内で、「厩肥（厩肥え《うまや》）」の効能をそれなりに評価しながらも、「厩肥」だけでは足りないと考えたのだ。言い換えれば、近代化学にいわゆる化学肥料を施肥すれば「地力の回復維持ができる」と考えたのである。したがって、彼は、テーア的農業の足りない側面＝「負の側面」を語ったものの、資本主義的農業の「終末」など論じていなかったのだ。

リービッヒは、厩肥を否定したのではなく、厩肥が完全肥料であるとの主張を批判し、厩肥の還元だけで地力の回復維持ができるとしたテーア以来の厩肥農業を批判したのである。[9]

問題は、有機農法と無機農法とを統合しようとしているリービッヒに、ある種の躊躇があったことである。マルクスが参照した第七版は、その躊躇のために大幅に改定された。一八四〇年の初版以来、版を重ね六版を出したリービッヒは長い沈黙に入り、一八六二年に「第二部、発酵・腐敗・分解の化学的過程」を全面削除した。

この削除は、「一般に自然界で起こる発酵や腐敗という現象は化学的過程に他ならず、神秘的生命力を仮定する必要はない[10]」という彼の近代主義と関係があった。当時、「発酵、腐敗、分解に関する新しい学説」が興り、「もともと化学的過程に固執するあまり、自然界の物質変化に微生物が関与することを承認せず、伝染病が細菌によっておこるとの学説にも反対してきた。ところが、一八五七年、フランスのパストゥールが発酵は微生物の作用であることを決定的に証明した[11]」のである。

こうして、第七版での全面削除は、まさに「蛆虫女神」としての微生物の関与を意識したものであることが判明する。ジョン・ベラミー・フォスターの『マルクスのエコロジー』（渡辺景子訳、こぶし書房）は、リービッヒとマルクスとの関係を詳細に論じながら、この点にまったく言及していない。逆にこの点に注目すると、リービッヒの別の側面が浮かび上がってくる。彼は、近代化学のヘーラクレースとして、最後まで発酵における微生物の関与に言及せず、厩肥の「灰分成分」にしか注目していない。しかし、微生物の関与による「発酵、腐敗、分解」の新しい展望に立たなければありえないような「物質代謝」「物質循環」に関する壮大な思想を抱いていたことも確かなのである。彼は、こう述べている。

どんな理由であれ、この自然法則を何らかの方法で破壊し、妨害する作用を加えれば、それに対応する影響が人間の生活条件に跳ね返ってくるのは明らかである。(12)

これは、事実上、近代的な「略奪農法」はしっぺ返しを食らうと語っているに等しい。この展望に、マルクスは注目しなかったのだ。先に挙げた書物で、フォスターは、マルクスが『資本論』を執筆した一八六〇年代には、「資本主義的農業が本質的に持続不可能であることを確信していた」と述べ、「一八五〇年代後半から一八六〇年代にかけて、リービッヒ自身が資本主義の発展に対し、エコロジー的な観点からの強い批判へと傾斜していった(13)」とし、この過激なリービッヒにマルクスが乗ったことを強調している。

フォスターは、私のいわゆる終末論的なマルクスの理論を、都市と農村との分断に基盤を置いた資本主義的な大規模農業に限られるとし、そこにのみマルクスは物質代謝の「修復不可能な亀裂」[14]を見出したと主張する。だから、マルクスは資本主義を克服した未来の共同社会には「亀裂」を想定せず、「生態学的持続可能性へと導かれた」[15]と主張している。地球規模の環境破壊を大所高所から論ずるフォスターのエコロジスト的視角には、農業経営者自身の意識が入ってこない。農業者の伝統的な知恵と近代化との葛藤や、近代化の結果彼らが襲われる皮肉なしっぺ返しが入ってこないのだ。それゆえ、リービッヒのあの削除に言及することもなく、また江戸時代末期の日本の農業のみごとな循環を絶賛したリービッヒを軽視することになった。

中国と日本の農業の基本は、土壌から収穫物に持ち出した全植物養分を完全に償還することにある。[16]

ヨーロッパの農業は日本農業とは完全に対照的であって、肥沃性の諸条件に関しては耕地の略奪に頼りきっている。……生命の輪廻を故意に狂わせるとき、それは神と人類に対する罪悪にほかならない。[17]

リービッヒは、来日したことはない。が、一八六〇年、オイレンブルク伯爵の率いるプロシア艦隊とともに来航し、日本の農業事情を調査したH・マロンの報告書（一八六二年）を元に語っている。彼は、人の糞尿を存分に生かした日本の循環農法に感激するとともに、イングランドの大都市の「水洗便所 water-closet」の導入が「三五〇万人の人間の食糧を再生産できる諸条件を毎年一方的に失う結果をもたらした」[18]と警告を発してもいた。マルクスは、実はこの点に関しては、リービッヒを別の著作で評価しているのだった。

テムズ河の水からその清らかさを奪い、イギリスの国土からは下肥を奪うこの無意味な浪費を、リービッヒが非難しているのは正当である。[19]

このリービッヒ評に垣間見られるのは、大工業の革命性を主張しながら資本主義の終末を預言するマルクスではなく、自然の循環・物質代謝を気にするマルクスの姿だ。しかしながら、近代的な農法を実践する農業経営者が食らう皮肉なしっぺ返しに気づいていたかどうかは定かでない。下肥でテムズ河が「汚れる」ことを慨嘆し、下肥を流すことを「浪費」とする観点は、農業経営者の観点とは異質だからである。

さらに注意したいのは、「蛆虫女神」と「神草」とが土壌を豊かにする主役であることに気づかず、化学肥料の効用を信ずるリービッヒの近代主義の陥穽にマルクスが気づいていないことだ。これは、時代的制約としてやむをえないことであろう。だが、「窒素・燐酸・カリ」という標語で示される化学肥料が、その猛毒によってアトピーやガンをもたらしている現代の問題が、リービッヒに由来していることは強調しておく必要がある。

完全無農薬農業のマーキュリー的実践

さあ、ここで、赤峰氏に再び登場していただく。氏は、害虫だと思っていた虫が恩人であることを発見する。白菜に大量発生した幼虫が、猛毒の亜硝酸塩を含んだ白菜を勢いよく食べて、無害な糞にして土に返しているというのである。また、土の栄養を奪う憎き雑草と思っていたスギナが、土に不足しているカルシウムを補う使命を持って生まれてきたというのである。そこで、氏は、ハムレットが蛆虫を「蛆虫女神」と呼んだように、害虫を「神虫」と呼び、雑草を「神草」と呼ぶようになったのだ。

糞にまみれた牛舎を一気に清掃したヘーラクレースを思い出そう。この英雄にかぶれた戦後の日本人は、人糞を汚物として水洗便所で清掃する。雑草を除草剤で退治する。虫を害虫として除虫剤で退治する。生ゴミをゴミ焼却炉で灰にする。要するに、これらのものを異物として退治する。ところが、皮肉なことに、ゴミは出るは出るはで、償却費用に首が回らない自治体が続出する。農薬や化学肥料のコスト、ビニールハウスの燃料費の高騰で苦しむ農民が続出する。

だが、赤峰氏は、汚物・異物・害虫・雑草を、農業の「元手」と見なすようになった。氏は、マーキュリーになったと言うべきか。害虫や雑草のおかげで、汚物の人糞を基にした堆肥のおかげで、この金のかからない「元手」のおかげで、畑は生まれ変わり、おいしくて安全で、かなり高く売れる野菜を育むようになったのだ。

しかし、まだその先がある。アトピー「患者」の二四歳の女性との出会いである。氏は、アトピーについて無知であったが、野菜の「病気」についての体験から、直感的に、自然のものを食べれば治ると思ったという。しかし、病院に二〇年通いステロイドを処方されても治らなかった彼女は、玄米と無農薬野菜、自然塩で作った味噌や漬物、梅干を食べて一週間後、皮肉なことに顔中カサブタと血だらけのお岩さんのような姿で、氏を驚かせた。ここが、肝腎なのだが、病院をたらいまわしにされ絶望しきった彼女は、それでも氏にしがみつき、四週目にはカサブタが半分に減り、三ヶ月後にはすばらしい美女に生まれ変わったのだ。

これまでの病院信仰、アトピーを異物として退治しようとした自らのヘーラクレース主義に絶望したからこそ、彼女はカサブタの皮肉の襞に触れ、逆転が起こったのだ。この女性に出会ってから、氏は「アトピーはリトマス試験紙のようなもの」「アトピーの人は天から使わされた天使」と考えるようになる。これをきっかけに、氏は、農民でありながら、一万人以上のアトピー「患者」を、食養生と断食と合気道で癒すことになったのだ。ちなみに、氏は退職後も元気な団塊世代と共に、海水から自然塩を作ることにも成功している。これによって、「塩切れ＝ミネラル切れ」とも言われるアトピーの人に、混ぜ物なしの味噌や醤油や梅干を提供できるようになった。塩分控えめを固定観念とする近代栄養学は、塩を陽性とする陰陽の伝統的知恵から学ぶことができていないが、赤峰氏はその伝統を現代に甦らせたのだ。

「病も身のうち」という先人の知恵を忘れ、アトピーやガンを異物・怪物と捉える近代医学とは違い、アトピーもガンもオデキの一種、濁った血液を清浄にしようとする肉体のしかるべき反応と見なす。アトピーは病気というより、肉体が健康を回復せよと発している天からのメッセージだということになる。実際、赤峰さんの主宰する「なずな園」でアトピーを癒した人々は、アトピーを「元手」に新しい人生に明るく立ち向かうようになっているという。ガン患者を「元手」に、抗癌剤を処方して悪化させ、数千万円稼いでいる医者の現状となんという違いであることか。近藤誠氏の『患者よ、がんと闘うな』以来、類書が出はじめているが、この逆流こそ医学のヘーラクレース主義の行き詰まりを警告している。

若者の四人に一人がアトピー炎という時代。塩田をことごとくつぶし臨海工業地帯に変貌させた近代化は、マルクスの時代より手の込んだ「混ぜ物食品」を大量に生産した。赤峰氏は、農薬が大量に使われる地帯で、判で押したように野生のタヌキがアトピーになっていると警告している。この農薬ばかりでなく化学肥料で栽培された「混ぜ物野菜」が、有機農法の名で売りに出されている。養殖の魚には多くの化学物質が（放射線もだが）含まれている。だから有吉佐和子ではないが「複合汚染」の結果がアトピーでありガンなのであろう。ところが、「安くて、便利で、おいしい」レトルト食品・清涼飲料水などを安易に食し、思わずアトピーをつかまされ、想定外ゆえにアトピーを異物とみなし、ステロイド軟膏でねじ伏せようとする人が圧倒的に多いのだ。この現代版のキドプロコでは、つかまされた症状を、異物とみなすか、天のメッセージとみなすかが、分水嶺だった。ここに、専門の医者よりむしろ赤峰氏のようなマーキュリー、東洋の遊行者との出会いが不可欠なのである。

農閑期に「なずな園」を若い人にまかせ、氏は全国を走り回り講演を重ねている。このことは、農業とアトピー「患者」との連帯の全国化なのだが、異端の生物学者・千島喜久男（一八九九―一九七八）の研究会との連帯は、農業と他の多くの分野との連帯へと拡大深化する方向に向かっている。千島学説研究会には、近代医学の医者（外科医、内科医、歯科医など）、いわゆる東洋医学の鍼灸師、按摩師、整体師、桜沢如一の流れを汲む食養生の指導者、それに産婆さん、弁護士、教師、哲学者、作家、学生や主婦、決定的なのは余命いくばくもないと宣告されながら十年以上も生きているようなガン患者が多数参加しているのだ。アトピーを「元手」として出発した運動は、現代版の「もやい」（拘束のきつくない・しなやかな連帯）を紡ぎだす運動であろう。

最後に、赤峰氏のマーキュリー性を、陰暦を重視する生活態度に確認しておきたい。月の女神が支配する「陰」の世界をこそ、陰暦は象徴している。「陽」の世界の太陽暦に従っていたとき、種まきのタイミングに失敗していたのに、陰暦に従うようになってうまくいくようになったというのだ。

種をまいて三、四日で発芽するダイコンや葉ものなどは、満月の三、四日前にまきます。するとちょうど満月のときに発芽することになります。満月の前後は夜露が多いときなので、雨が降らなくても夜露が根元におりて水分を補給してくれることも分かりました。[20]

里山資本主義のマーキュリー的実践

次に、最近出版され、一ヶ月で十万部も売れたという『里山資本主義』（藻谷浩介＋ＮＨＫ広島取材班、角川ｏｎｅテーマ21、二〇一三年）を参照する。ここでも、材木の屑が「元手」と捉えられる逆転が生き生きと描かれている。この新書のユニークなところは、日本の岡山や広島の過疎地、あるいは瀬戸内海の島で起こっている逆流を、ヨーロッパのユーロ危機とは無縁だったオーストリアの逆流と比較していることだ。そこで、二つの逆流の対比を目指して、興味深い事例を取り上げてゆきたい。

岡山県真庭《まにわ》市は、中国山地の山間、九つの町村が合併し、県内屈指の広さで、人口は五万、面積の八割を山林が占める典型的な山村地域である。林業の不振に追い詰められ起死回生の決断をした銘建《めいけん》工業の社長・中島《なかしま》浩一郎氏を取り上げる。従業員二〇〇人あまり、西日本でも最大規模を誇る製材の企業の社長さんだ。この方は、厳しい製材業界にあっても、「発想を一八〇度転換すれば、斜陽の産業も世界の最先端に生まれ変わる」と主張している人。

林業は斜陽産業だという固定観念は、まさに亡霊のように業界を呪縛していた。一九九七年末、建築材だけではジリ貧だと感じ、広大な敷地内に発電施設を建設する。植物などの自然のエネルギー源をバイオマスというが、「木質バイオマス発電」を開始したのだ。エネルギー源は、なんと製材の過程で出てくるゴミ。樹皮や木片、かんなくずといった木くずであり、その量たるや年間四万トンだという。これまでゴミとされてきた木くずが、ベルトコンベアで工場中からかき集められ炉に流し込まれる。発電所は二四時間フルタイム稼動で、出力は一時間に二〇〇〇キロワット、一般家庭の二〇〇〇世帯分。

中島さんの工場は、その電力でまかない、年間一億円が浮き、余った電気は電力会社に売って年間五〇〇〇万円の収入になる。しめて、年間一億五〇〇〇万円のプラスになる。年間四万トンの木くずを廃棄物処理するると、年間二億四〇〇〇万円かかるというから、これもゼロになるとすると、全体として年間四億円も得をしている計算になる。電力施設建設に一〇億円（渋る銀行から借金）かかったとしても、割がいい。NHK広島取材班が取材に訪れた時点で、「バイオマス発電導入から一四年。減価償却はとっくに終え十分すぎくらい元を取った」という。これぞ、まさしく「元手」の本格的活用だ。

印象的なのは、「木材は、石油や石炭で発電するのに比べずっと炉に優しく、メンテナンス業者が驚くほど傷みが少ない」ということだ。木材はもっともっと見直すべきである。

中島さんの挑戦は、まだこんなものではない。発電だけでは使い切れない木くずから「木質ペレット」を製造し、販売する。ペレットは灯油とほぼ同じ費用で同じ熱量を生み、一キロ二〇円ほどで販売。顧客は全国に広がり、一部は韓国に輸出。真庭市には「バイオマス政策課」があって、とことん木材で活路を見出そうとし、こうした行政の後押しもあって、ペレットは一般家庭の暖房や農業用ハウスのボイラーの燃料として、急速な広がりを見せているという。

さらなる挑戦は、二〇一三年の「真庭バイオマス発電株式会社」の設立だ。銘建工業や真庭市、地元の林業・製材業の組合など九団体が「共同出資」。二〇一五年の稼動を目指し、出力一万キロワット（中島さんの発電所の五倍）、真庭市の全世帯の半分をまかなうことのできる発電所となる。

こんなに多くの団体が参加した背景には、福島原発事故後の二〇一一年八月に成立した「再生可能エネルギー特別措置法」により、一キロワット三円だった買取り価格が上がったということがある。自然エネルギーを求める国民の声に押されて電力会社も飲まざるを得なくなったのだ。総事業費四一億円のうち、補助金などを除く二三億円は、すぐさま大手銀行を含む三行が融資を名乗り出た。これは、おそらく全国初の取り組みだろうという。

渋沢栄一の「合本主義」

ここで、私は、明治から大正にかけての渋沢栄一（一八四〇—一九三一）の「合本主義」の実践を思い出す。三菱の岩崎弥太郎は、事業を一人でどんどんやっていくタイプで、独占主義を貫いたが、渋沢の「合本主義」は、その独占主義と張り合った。

『経営論語』によれば、岩崎三菱汽船の独占となっていた海運業界に、明治一三（一八八〇）年、渋沢は仲間、東京および各地方の人々（益田孝・大倉喜八郎・渋沢喜作・三井武之助・川崎正蔵・藤井能三・鍵富三作・諸戸清六・下里貞吉ら）を集めて、風帆船《ふうはんせん》（海上運送）会社を設立して、打って出た。明治一五年に至って、共同運輸会社を設立するが、これは東京風帆船、北海道運輸、越中風帆船の合同を政府が提案したことによるものだった。翌年、共同運輸会社は巨船をそろえ、三菱汽船との運賃値下げ競争が始まる。渋沢は金融面で応援する。共倒れになりかねなくなって、明治一八年九月に、三菱汽船と共同運輸とが合併し、日本郵船会社が設立される。

私が注目したのは、独占との競争や最終的な合併ではない。渋沢が関わった五百余りの企業には、このような「合本主義」が貫かれていたということだ。では、「合本主義」とは何なのか。株式会社と思われがちだが、もっと多様な「元手」の活用法だったのだ。たとえば、ある地域にとって銀行や鉄道が必要となると、渋沢はまず「元手」を出資した上で、地域の人たちが恩恵を受ける事業であるから、みんなで支えるべきだとして、多くの出資者を集める。その場合には、株式会社でやって行く。鉱山会社を起こすのには、リスクも多いので合資会社。カネはなくとも新しい事業をという場合、小さなベンチャーのような場合には、合名会社、匿名会社、といった、しなやかなものだったのだ。だから、失敗しても大打撃を免れた。

ここまでは、いわゆる経済的事業の話であるが、渋沢は、文化・社会事業にも、「合本主義」を貫いた。東京養育院の事業では、孤児等々の貧窮者を助け、貧富の差をなくすことは公益であると主張し、巣鴨分院、井の頭学校、板橋分院、阿房分院など多様な施設を建設した。後藤新平が、固辞していた東京市長に就任したのは、養育院を頼むとの渋沢の必死の懇願によるという。このように、渋沢は、僚友の大倉喜八郎や後藤新平というユニークな政治家とも協力し合っていたのだ。また、国際関係を見据え、真の意味での公益のために帝国ホテルや帝国劇場の運営も合本主義で行った。対中国、対欧米の柔軟な世界戦略が劇場にまで貫かれている。これは、驚くべきことではなかろうか。こうした動きを、資本主義という言葉で括りきれるか。そう反省させるのが、渋沢の実践であり、中島さんの取り組みなのである。

オーストリアのエネルギー革命

そこで、オーストリアを取り上げる。失業率はEU加盟国で最低の四・二パーセント、なぜ人口一〇〇〇万に満たない小国オーストリアの経済は安定しているのか。そこでは、岡山県真庭市のように、木を徹底活用して経済の自立を目指す取り組みを、国を挙げてやっているからなのだ。その徹底振りは、世界でも珍しい「脱原発」を憲法に明記していることに見られる。日本のジャーナリズムがなぜ報道しないのか不思議なくらい、学ぶに値する国なのである。合言葉が「打倒！　化石燃料」だとしたら、脱原発も当然であろう。

原油を中東諸国に依存し、天然ガスをロシアからのパイプラインによる供給に依存してきたオーストリアは、国際情勢が不安定になるたびに、エネルギー危機に見舞われ、怯え続けてきた。このトラウマが林業立国への逆転を生んだのだ。オーストリアは、もともと、世界的に高い技術を誇るドイツ自動車の部品製造などで発展、基礎的な技術レベルは非常に高い。だから、ペレットボイラーの開発も、国の方針が決まれば、お手の物だった。大量生産、大量消費型の技術ではなく、身近な資源を生かす技術を極めつつあるこの国の企業活動には、目を見張るものがある。森林の育成、伐採から、ペレットへの加工、付随する機械の開発・生産、さらには煙突などのアフターケアに至るまで、ペレット産業の裾野が広がるほど、うなぎ登りで労働市場が生み出されているという。

だが、焦点を、貧しかった寒村に絞る。バイオマス分野で世界をリードするオーストリアでも、とりわけ注目され、世界中から年間三万人もの視察者が殺到している、ハンガリーとの国境の町、ギュッシング市である。人口は四千人、古城を取り囲む集落の外に麦畑や森が広がる田舎町である。その郊外の集落に住むクルト・ガルガーさんは、小麦を栽培し、ささやかな森を持つ典型的な農家で、妻と子ども二人の四人暮らし。

冷戦末期の一九八〇年代、生活はどん底にあった。東側のハンガリーとの国境に接していたギュッシングには、鉄条網が張られ兵士が銃を構えて見張っていた。そんな町だから、訪れる人もまばら、高速道路も鉄道もなかった。町の面積の四四パーセントを占める森林も放置されたまま、若者はウィーンやグラーツといった都市部に働きに出る。

一九八九年、ベルリンの壁崩壊とともに、グローバル化によって、安い農産物が大量に東側から押し寄せ、ガルガーさんは追い詰められるが、農地の狭さゆえに対抗するめどが立たなかった。

ギュッシングの七割の人が都市部の工場に出稼ぎに行く羽目にたった。

ちょうどその頃、一九九〇年、ギュッシング議会は、全会一致で、エネルギーを化石燃料から木材に置き換えることを決定する。地域発展計画を作成、一九九二年には最初の地区で木質バイオマスによる地域暖房を開始する。一九九六年には、半官半民による「ギュッシンガー地域暖房社」が設立され、より広範囲に地域暖房網が整備されていった。熱配管の総延長は三五キロにも及び、市街地と産業施設とを網羅した。

二〇〇一年、コジェネレーションによる発電を開始し、国の買い取り制度を利用して売電するに至る。これと平行して、太陽光発電や菜種油などの廃油のエネルギー利用等を進め、脱化石燃料宣言から一〇年あまりで、町は七〇パーセント以上のエネルギー自給を達成する。一九九〇年に六〇〇万ユーロもの金額を地域外に流出させていたギュッシングは、二〇〇五年の時点で、お金の流れは逆転し、地域全体で一八〇〇万ユーロもの売り上げを得るに至ったのだ。

極貧の生活を送っていたガルガーさんも、その恩恵に浴す。九五〇人が暮らす地区に、二〇〇一年、地域暖房システムを建設、家庭でも事業所でも一口八〇〇〇ユーロを出し合って、建設費一〇〇〇万ユーロの半分を捻出、残りも銀行からの借金でまかなった。大手資本を一切入れず、運営は組合方式で、住民自身の手で行った。ここが肝腎なのだが、オーストリアでは、国もそうだが、数百人単位の集落でも、大事なことは必ず住民投票で決めるのだ。地域暖房のメンテナンスは、ガルガーさんを含む住民が四人交代で行う、燃料となる木材も自分たちで出し合う。

ガルガーさんも、それまで放置していた森に入り、木を切り出すようになった。木材の買い取り価格は、一立方メートルあたり約一六ユーロ。お金は地域暖房の利用料から支払われる。これが、ガルガーさんの安定収入につながり、また地域に貢献しているという誇りも得ることができた。また、利用料金も、住民自身が決めるという。国際的な原油価格が値上がりを続けるのを尻目に、この地区では、二〇一二年、銀行融資の返済が終了し、利用料の値下げを決定した。

ここに、ヨーロッパ中から企業がやってきた。大手床材メーカーのパラドア社は、製品の乾燥に多量の熱を必要とし、床材加工の際にでる木くずを地域暖房に売ることができるメリットに引かれてやってきた。

ギュッシングでは、一三年間で五〇もの企業がやってきて、計一一〇〇人の雇用を生み出した。四〇〇〇という人口の四分の一にあたる驚異的な数字である。これで、出稼ぎに行く人も激減したという。

木材の活用

さて、最後の話題として、こうしたオーストリアに、かの中島さんは学んで、集成材の加工に挑戦していることを取り上げる。集成材とは、繊維の方向が直角に交わるよう板を互いに重ね、強度を増した建築材のことだ。今、ウィーンばかりでなく、ロンドンでも、地震国イタリアでも、この集成材による木造の高層建築(ミラノには十三階建てが登場)が増えているという。意外なことに、この建築材は、耐震性にすぐれているばかりでなく、耐火にも優れているという。多量の空気を含んでいて断熱性が高く、炎にさらされても片面が焼けるだけで、もう片面は常温のまま、だから火が燃え広がらないためだ。ウィーン工科大学の木造建築の第一人者の教授は、鉄筋コンクリートからこうした木造建築への移行を、産業革命以来の革命だという。卓見だと思うので、一部紹介する。

…セメントや鉄の生産には途方もない額の投資が必要です。…ところが、今日ではエネルギー資源はあまりありませんから、この星にある自然が与えてくれるもので私たちは生活しなければなりません。この思考の大転換こそが真のレボリューション(革命)です。そうした革命に木材産業はうってつけなのです。森林は管理して育てれば無尽蔵にある資源だからです。その結果、経済は必然的に国家中心から地域中心になっていきます。製材業はたいていファミリー企業です。原料の調達も、せいぜい二〇〇〜三〇〇キロ圏内でまかなえます。生産には多くの人手がかかります。ようするに、木材は、投資は少なくてすむ一方、地域に

多くの雇用が発生する、経済的にもとても優れた資源なのです。(21)

中島さんは、オーストリアを始め、バイオマス先進地の人々と交流を深め、最新の知識を仕入れてきた。工場には欧米から年間五〇〇人も視察にやってくる。オーストリアから教授を招いて勉強会を開いたり、海外視察に若者を同行させ、人材の育成に努める。そんな社風に惹かれて、大都市の一流大学を出た若者、女性も就職したいとやってくる。

そうした中島さんは、今、手作りで集成材の試作を繰り返している。木くずの発電、町全体のエネルギーをまかない始めたペレット、その利用をさらに拡大していくためには、そのベースとして建材需要の拡大が決定的だからだ。木造の高層建築がその突破口となる、というわけだ。中島さんは、まだ国の認可がおりていない分野を切り開くために、茨城県つくば市の防災科学技術研究所での、耐震試験にこぎつけた。集成材のパネルを使った三階建ての建物を提供した。面白いことに、中島さんは、あえて震動に弱いとされる杉を使い、国産材の半分を占める杉の活用の道を開こうと考えた。そして、震度六弱の揺れにびくともしなかったという。

これらの事例から見えてくることは何か。鉄やコンクリートを膨大に必要とする重厚長大な産業を基盤として経済を発展させるには、国家主導で大資本を優遇しながら進めることになり、経済の中央集権が不可避だが、持続可能な林業や農業を基盤にすると決定的な違いが出てくるということだ。かつまた、地域経済が外部に依存せず、しかも外部にしなやかに開かれていると、住民の「もやい」的連帯を基盤とした自治が育つということだ。さらに、こうした開かれた自治が育ってくると、価格に振りまわされる生活ではなく、むしろ価格に介入する（無論、介入には限度がある）生活が可能になってくることである。

最後に強調したいのは、かの逆流が、中央集権やグローバリズムや原子力開発の「否定」からは出現しないことである。「否定＝アンチ」は依然としてヘーラクレース主義の枠内にあり、左翼はその枠にとどまっていると言わざるをえない。あのキドプロコ、思わずつかまされるものに「触れる」ことが、決定的である。そのためには、ある種の捨て身が不可欠なのではなかろうか。経済的な苦境に限らず、苦境に悶えてきた人こそ、捨て身になることができる。捨て身になって、見えなかったものがやっと見えてくる。

山川は天下の源

ここまで紹介してきた『里山資本主義』について、ないものねだりの印象を与えるかもしれないが、あえて注文をつけておきたい。

このベストセラーには、「里山」につきものの芸能に関する報告がまったくない。最近、中国地方の山間部のあちこちで、若者を巻きこんだ神楽《かぐら》の復興の動きがあるだけに、物足りなさを感じたのである。山形県の有名な黒川能がその典型であるように、里山の暮らしと密接な芸能の系譜は、今なお脈々と受け継がれている。神楽も、田楽《でんがく》などに由来した能楽と通じあう。マーキュリーが芸能の神でもあったことに鑑み、触れずにはいられない。

おそらく「資本主義」という括りと関係があるのだろう。『里山資本主義』には、神楽と縁の深い鎮守《ちんじゅ》の森への言及も皆無である。鎮守の森には、わたしたち民草の暮らしの根本、信仰というか生命観というか、そういうものを示唆する何かがあるように思われる。

江戸初期の思想家、熊沢蕃山（一六一九―九一）は、山が蕃《しげ》ることに、国々の文化の基盤を見ぬいていた。万物一体を主張する陽明学に学びながら、決してシナ思想にかぶれることなく、しかもシナの『易経』の陰陽思想や朱子学、仏教や多少なりともキリスト教にも通じていた。ことに、時《とき》と所《ところ》と位《くらい》とをわきまえ、日本の風水に根ざした芸能の振興に心をくだいたこの思想家は、単なる経世家《けいせいか》でもなく、ましてやエコロジストではなかった。主著『集義和書《しゅうぎわしょ》』には、武家社会の枠を突破し、民草の暮らしに分け入り、マーキュリー的な生活・文化の建て直しの見解がくりひろげられている。ここは、蕃山を論ずる場ではないが、「山川は天下の源なり」[22]と断言した蕃山を挙げておきたい。

この蕃山を引き継いだような植物生態学者、宮脇昭氏は、世界をかけめぐるマーキュリーとして、千七百ヶ所、土地の人を巻きこみ四千万本の木を植えているという。「山川は天下の源」に響きあうように、宮脇氏は、「土地本来の本物の森は文化の基礎[23]」と語っている。だから、近代主義のインテリとは違い、初詣の人波に、「四千年来、私たちの体に無意識のなかに育まれ、刷り込まれてきた豊かな感性[24]」をかぎつける。ドイツの生態学者たちが、戦後日本のたくましい「発展」に、江戸期の識字率の高さなどではなく、「鎮守の森を残した心」を感じたことに注目する。

西洋文化を取り入れてきた日本ですが、一方で森や自然を畏怖してきた心があったからこそ、あらゆる困難を乗り切る知恵とエネルギーを得ることができたのではないか、と彼ら〔ドイツの生態学者たち〕はきっぱりと言ったのでした。[25]

さらにまた、わが山川に生い蕃《しげ》る木についての先人の知恵に学ばなければならないであろう。法隆寺の宮大工であった故・西岡常一氏は、木の癖を重視し、木が生育する山の方位に従って木を活用すべきであることを教えてくれる。

製材の技術は大変に進歩…捻れた木でもまっすぐに挽いてしまう…木の癖を隠して製材してしまいますから、見分けるのによっぽど力が必要ですわ。…そうした木の性格を知るために、木を見に山に入って行ったんです。それをやめて…合板にして…個性を消してしまったんです。[26]
癖の強いやつほど命も強いという感じですな。癖のない素直な木は弱いし、耐用年数も短いですな。[27]

あの集成材も合板に違いない。集成材を工夫し、需要を喚起し、林業を建て直すことは、素晴らしい。だが、人材の癖に通ずる木の癖を軽視することは、生命を軽くあしらい有効活用する域にとどまりかねない。私がここまで強調してきたマーキュリー的な生き方・暮らし方は、マーキュリー＝クイックシルヴァーの「クイック＝生き生きとした」にまで踏みこまなければならないものだったのだ。

マーキュリー的なハムレット

最後の最後、ハムレットに登場してもらおう。戯曲の半ば三幕二場、ロンドンからやって来た旧知の旅芸人による芝居を見るために、観客席に陣取ったハムレットの呟きに光を当てよう。芝居では、老齢で余名いくばくもない王が、王妃に、死後再婚してもよいと告げる。王妃が「二夫にまみえるのは、わが身の呪い」と殊勝な受け答えをする。父権的なキリスト教道徳に従順に従った、歯の浮くような王妃の答え方に、ハムレットは傍白する。

傍白とは、舞台の登場人物には聞こえず、観客だけに聞こえるものだ。ハムレットは、観客席に陣取っているとはいえ、観客にとっては、舞台の中の観客席である。シェイクスピアが（版によって違いがあるが）あえて「傍白」としたのはなぜか。夫と死別した直後、夫の弟クローディアスと再婚し「二夫にまみえた」母ガートルード、舞台の登場人物の母には、聞こえていないことを、強調するためである。それなのに、解釈者たちはそろいもそろって、この傍白を母親へのあてつけと解して、このように翻訳する。

苦いぞ、苦いぞ、苦ヨモギ。

芝居の王妃のセリフは、母親にとって「苦い」セリフだというわけだ。

日本に生息するヨモギは、西洋ヨモギが多くなり、ハムレットが口にしたヨモギと大差ない。日本では、ヨモギを「苦ヨモギ」とは決して呼ばない。にもかかわらず、「苦ヨモギ」と翻訳した人々は、明らかにキリスト教に毒されているのだ。新約聖書末尾の『ヨハネ黙示録』（八章一一節）

が、ヨモギを致死性の毒をもった「苦ヨモギ」としているが、その伝統に毒されたのだ。ちなみに、原発事故で有名になったチェルノブイリこそ聖書の「苦ヨモギ」に由来する。

ところで、英語ではヨモギを、ワームウッド wormwood という。ワームには「蛆虫」の他に「蛇」という意味がある。ウッドは言うまでもなく「木」であるが、木のような「草」とも取れる。だからヨモギは、「蛇草」「蛆虫草」と翻訳できる。ケルト世界、あるいはヨーロッパの民間では、ヨモギは聖なる草として珍重され、まさにその香りから、虫除け厄除けとして活用されてきた。『ロミオとジュリエット』の一幕三場では、乳母がジュリエットの乳離れのためにヨモギを使ったと語る場面がある。だから、ヨモギの苦さは赤子に感じる程度のもので、日本のヨモギ団子はその「ほろ苦さ」を生かしたものである。ヨモギは、その苦さより香りが、そしてその薬効が重要なのだ。ハムレットの呟きとしての「ヨモギ」に関して、銘記すべきことは、ヨモギの属名がアルテミシア、つまり月の女神アルテミスに因むものであることだ。

したがって、ハムレットの「蛇草＝アルテミシア」という呟きは、父権に従属した母性を揶揄し、本来の母性を想起させるものだった可能性が高い。母ガートルードは、夫の弟との結婚を近親相姦とする当時の通俗道徳[28]に逆らい、王としての夫の喪を極端に短縮までして再婚した、「新しい女」である。その母の「新しい」母性だけを気にしたわけではないが、ハムレットは、宮廷社会の母性のあり方を問題視し、さらにはイングランドの母性を軽視する風潮をこそ揶揄していたのではないか。理性中心主義による、月の文化＝陰の世界の文化の軽視こそ標的だった。だから、こうしたハムレットは、蛆虫を「蛆虫女神」と呼んだハムレットに通じている。

ここで、私の体験に触れておきたい。大学紛争の渦中、私は旧左翼にも新左翼にも馴染むことができず、大学院に入って何をやったらいいのか分からなくなって、強度のノイローゼと十二指腸潰瘍になった。ある縁で、七日間水だけの断食をする。その決断こそ、清水の舞台から飛び降りるようなものだった。しかし、陰の世界に踏み入る断食は功を奏し、陰極まれば陽に転ずではないが、病は癒され、元気を取り戻した。

断食が陰の世界に下るものであることは、易経の研究家、竹村亜希子氏から教わった。氏の卓見の一端を紹介する。

弱った樹木を回復させるためには、わざと枝を落としたり、樹皮を剥いだり、根に「傷」をつけたりします。こうしてさらに陰を生じさせることによって、陽の生命力（自然治癒力）を引き起こし、樹木は元気に回復します。これも「中《ちゅう》する」です。…ただし、「中する」は、バランスを取ることではありません。現在ある問題を、一段高い段階で解決し、新しく別な形に創造する働き、それが「中する」なのです。…易経は、あの手この手で「中する」について語りかけてきます。

私にとっての断食は修行ではなく、ふだんの暴飲暴食に対する罪滅ぼしであり、陰を生じさせること、そして「惜福《せきふく》の工夫」なのです。…「惜福の工夫」とは、…簡単にいえば、幸いをあとに残しておいたり、人に分け与えたりして、わざと不足の部分をつくり出すことです。…時に損をしてあえて満ち足りないようにすることです。損とは譲る…見返りなく譲ることです。これぞまさしく陰の力、陰徳なのです。

玄米食や自然食ももちろん、惜福の工夫になりますが、断食は陰をより強く生じさせる方法でした。(29)

私は、この陰の世界に下るマーキュリー的な方法によって、自分の身体にようやく向き合うことができるようになった。その体験談は、拙稿「断食で生まれ変わる」(『環』vol.39、藤原書店、二〇〇九年秋号)に記した。それはともかく、これが機縁で、いわゆる東洋医学を専門家から直接手ほどきされ、鍼灸や指圧・按摩を実践するようになった。

ここからが肝腎なのだが、蚊にさされて、刺された部位が、みごと鬱血《うっけつ》した部位であること、鍼灸にいわゆる経絡に沿った部位であることに気づいた。要するに、蚊は、鬱血を瀉血《しゃけつ》する神虫であることに気づいたのだ。蛭《ひる》を瀉血に使った日本の伝統を思い出す。それからというもの、色々とイメージがわきあがり、数千年前の大陸の人々が、経絡を発見したのは、蚊のような虫に教わった面（他にもあるに違いないが）もあったのではないかと考えるに至る。実際、蚊に刺された部位にすぐお灸すると、カユミがとれるだけでなく、鬱血が去り、ツボに灸を据えるのと同じ著効を実感した。

そもそも、お灸のモグサは、日本ヨモギを原料とし、かつての日本では（特に西では）ヤイトとして民間で広くお灸がなされていた。そういう文化では、ヨモギを「蚊遣り」として用いていた。蚊がコロリと死ぬヘーラクレース的「蚊取り線香」のように、人間に害のあるものではなく、蚊にあっちへ行ってもらう文化だった。私は、若いヨモギを団子に用いるだけでなく、胃薬として重宝し、よく食べている。市販の胃薬などより、胃腸薬として有効な聖なる薬草がヨモギなのだ。沖縄では、フーチバーとして野菜に加えられ、市場で売られ、フーチバー・ジューシー（ヨモギの炊き込みご飯）を食している。

ヨモギは、無尽蔵に生えてくる。荒れた竹林の竹を竹炭にする動きがあるように、ヨモギはもっと活用できるはずなのだ。この発想で、私は、東京多摩の日野市に住みながら、近くの裏山や、都立の長沼公園、平山城址公園に出かけ、春は蕗の薹、たらの芽、セリ、等々を摘んでは食し楽しんでいる。このところ、毎年八〇キロの梅干を作るようになった。梅と自然塩と赤紫蘇だけのおいしいものであるが、三年ものになって本格的な梅干になることを実感している。そして、何よりも、仲間が増えたことがうれしい。手間のかかる、梅洗い、梅を三〇度のリカーにくぐらせて消毒、梅の本漬け、紫蘇を洗って葉だけを取り塩もみを二度行って灰汁抜き、そして梅にその紫蘇を入れて赤く染める。そして、土用に三日三晩干す。この作業を学生さんに手伝ってもらい、パーティーを開き、梅干をおすそ分けする。里山資本主義ではないが、都会でもマーキュリー的な展開は可能なのだ。

象徴的なものとして、お互いにお灸のしあいっこをするような文化、かつての日本に広く見られた文化を現代に適合した形で復活させること、を挙げておきたい。お灸というと、肌を焼くという残酷なイメージがつきまとう。しかし、全く肌を焼かない温灸を含めてお灸と理解していただきたい。お灸のしあいっことは、ツボと経絡を東洋の伝統から学びなおすことでもある。そうした「もやい」を紡ぐことによって、医者に独占されきった医療を民衆の自治の不可欠の一環に取り込まなければならない。そうすることで、国の医療費は格段に減少するであろう。

『ハムレット』は、四〇〇年以上前の作品であるのに、なぜこうも上演され、注目を集めているのか。そのわけはよく分からないが、少なくとも私の腑に落ちる王子のセリフを参照したい。

父の亡霊との「対話」の直後、ハムレットは、自分の脳を含む体のことを「球体」にたとえ、「この悶える球体 this distracted globe」（一幕五場）と形容する。「球体＝グローブ」には、四つの意味がかかっている。

一つは、大宇宙の中のミクロ・コスモスとしての「体《グローブ》」。二つ目は、同じ大宇宙の中の「地球《グローブ》」。

三つ目は、『ハムレット』が上演されたロンドンの「グローブ座」。
四つ目は、当時流行していた錬金術の、金属の父・硫黄と金属の母・水銀とを結婚させる球形の溶解炉《レトルト》の「球体《グローブ》」、金の卵を生む「球体」だ。しかし、このハムレットの「球体」は、「マーキュリーの容器」でもあったのだ。

マーキュリー〔ヘルメス〕の容器は、…本質的にレトルトつまり溶解炉であって、…球面の宇宙に似せて、なんとしても溶解炉《レトルト》は球形でなければならない。錬金作業の成功には、星々の影響力を借りなければならないからである(30)。

ここで、三つ目のグローブ座のロゴないしはトレードマークが、当時の観衆にとってお馴染みの、「地球を軽々と担ぐヘーラクレース」だったことに注目しなければならない。天文学に通じ嫉妬を買って罰として地球を担がされ、うんうん唸っていた巨人アトラスに成り代わり、ヘーラクレースはエリザベス女王の命を受け地球を軽々と担いでみせる。それが、大衆受けする劇場のロゴの意味だった。ところが、球体ハムレットは、ヘーラクレースに担がれ大船に乗った気分になって当然なのに「悶えて distract」(31)いる。これは、エリザベス女王の世界制覇に惹きつけ《アトラクト》られ attract、その大勢に乗り切れなくて悶える《ディストラクト》 distract ハムレットの告白なのだ。大勢が「再び経済成

「ヴェンツェスラウス・ホラー（1607-1677）のエッチングによる1647年の「バンクサイドからのロンドンの大眺望」は、シェイクスピアが非常によく知っていた界隈を驚くほど詳しく描いている。ただ残念なことに、熊いじめ場（ホープ座としても知られていた）とグローブ座のキャプションがうかつにも入れ替わってしまっている。なお、上方に描かれている赤子たちが、マーキュリーを象徴する「蛇の巻きついたツエ」を握っていることは、グローブ座のロゴ「地球を担ぐヘーラクレース」と対照的である。（ロンドン、ギルドホール図書館）」
（グリーンブラット『シェイクスピアの驚異の成功物語』、白水社、2006年）

長を」という路線に巻き込まれているさなか、それに乗り切れず悶えている私たちの姿がそこにある。

また、錬金術の「球体」は、当時実験室に閉じ込められ神秘主義の神がかり的操作の道具に傾いていたが、その流れに飲み込まれることなく悶えるハムレットの「球体＝マーキュリーの容器」は、ケルト的な野性的で健全な陰陽の世界、太陽と月を共に敬う世界に「逸れて distract」ゆく。『ハムレット』は、現代世界の逆流を照らし出す作品だ。だから、今なお、悶える人々を惹きつけ続ける。マルクスも、その一人だったのだ。

注

(1)赤峰勝人著『ニンジンの奇跡』、講談社＋α新書、二〇〇九年、一二頁。
(2)同前、三四頁。
(3)『資本論』、八六七頁。
(4)同前、八六七頁。
(5)同前、八六八頁。
(6)同前、八六八―八六九頁。
(7)同前、八六九頁。
(8)リービッヒ『化学の農業および生理学への応用』(以下『応用』と略記)、北海道大学出版局、二〇〇七年、吉田氏の「解題」三七八頁。

(9)同前、「解題」三七九頁。
(10)同前、「解題」三六九頁。
(11)同前、「解題」三七〇頁。
(12)『応用』、「農耕と歴史」五八頁。
(13)フォスター『マルクスのエコロジー』、こぶし書房、二〇〇四年、二四二頁。
(14)同前、二四九頁。
(15)同前、二六一頁。
(16)『応用』、七一頁。
(17)同前、七二頁。
(18)同前、八一頁。
(19)マルクス『フォークト君』、『全集』一四巻、六〇六頁。あるいは、エンゲルス編『資本論』第三巻、地代論。
(20)前掲『ニンジンの奇跡』、一三〇頁。
(21)『里山資本主義』、一一二頁。
(22)『集義和書』(補)、日本思想大系『熊沢蕃山』、岩波書店、一九七一年、三七四頁。
(23)宮脇昭著『木を植える!』、新潮選書、二〇〇六年、二一三頁。
(24)同前、一九頁。
(25)同前、三五頁。
(26)西岡常一著『木のいのち木のこころ』天の巻、草思社、一九九二年、一七頁。
(27)同前、一八頁。

(28)当時の「近親相姦《インセスト》」について、大場建治氏は、こう注釈している。「夫の死後、夫の兄弟との結婚は incest とみなされた。ヘンリー八世は亡き兄の妻キャサリンとの結婚に際し、ローマ教皇からの特免を得ている」(大場建治対訳・注解『ハムレット』、研究社シェイクスピア選集8、二〇〇四年、三八頁の注一五七)。この注釈から、シェイクスピアは「近親相姦」をヘンリー八世を念頭に置いて使っていることが分かる。

(29)竹村亞希子著『超訳・易経——自分らしく生きるためのヒント』角川SSC新書、二〇一二年、二三〇—二三二頁。

(30)ユング『心理学と錬金術II』、人文書院、一九七六年、二一〇頁。

(31)「悶え」と訳した distract, distraction は、「気を呑まれること attraction」の対語である。杉本つとむ編『江戸時代・翻訳日本語辞典』(早稲田大学出版局)によれば、動詞のディストラクトは「引き離す・分かつ・途方にくれる」と翻訳され、身体と精神の未分化な何かを示唆している。斉藤秀三郎の『英和中辞典』(岩波書店)では、「a distracted air 気が気でない(様子)」という画期的な例文さえ添えられている。要するに、「気」にかかわり、その「気」が「気」でなくなる「悶え」がディストラクト・ディストラクションなのである。これは、『ハムレット』に頻出する「狂気」を意味する madness, lunacy, confusion, wildness, ecstacy 等々と厳密に区別された身体語なのである。ちなみに、クローディアスのような権力の座についた不安な人間にとっては、ディストラクトは「付和雷同」の無定見にしか見えないことは、既に引用した「ハムレットは付和雷同の民衆 the distracted multitude に愛されている」(四幕五場)から明らかであろう。

あとがき

三十五年前、私は藤原書店の社主・藤原良雄氏と、渋谷の喫茶店で出会った。当時、氏は某出版社の編集者だった。紹介者が後から来るとのことで、私は氏と単独で話すことになった。

何をやっているかとの問いに、とっさに答える余裕もなく、若気の至りというか、その場しのぎに、私はやおら持参していたディーツ版『資本論』を取り出す。思わず、ニコラス・バーボンの脚注を氏に見せ、無我夢中で、その脚注の不思議さについてしゃべり続けた。何しろ、何ヶ月もかかってバーボンの原文とにらめっこしてきたのだ。『資本論』の原文は、どこもかしこも書き込みだらけ、ボロボロになっていた。

氏とのこの出会いの前に、偶然、氏が編集し出版した二冊の書物を読んでいた。鈴木鴻一郎著『一途の人——東大の経済学者たち』と今村仁司著『歴史と認識——アルチュセールを読む』である。前者は、宇野派の重鎮として東大経済学部の先人たちを論ずる洒脱なエッセイであり、後者は当時ようやく話題になり始めたルイ・アルチュセールの紹介であった。

実を言えば、私は、宇野弘蔵の形式論的な経済学にうんざりし、アルチュセールの『資本論を読む』

がどこまでマルクスの原文に踏み込んでいるか、批判的な構えで検討中だった。おそらく、当時権威を持つに至っていたこうしたマルクス読みに挑戦しようとの私の意気込みが、藤原氏に伝わったのであろう。二時間以上もほとんど黙って聴いてくださった藤原氏は、やってきた紹介者とともに、喫茶店を出て、飲み屋へ私を連れて行ってくださった。

飲み屋で何を話したか、覚えてはいない。しかし、朝まで飲み明かし、共感の士に出会ったという感が深かった。

まさに、この瞬間、本書の構想が生まれた。驚くべきことに、紆余曲折があったとはいえ、藤原氏は本書の公刊に至るまで、三十五年もお付き合いくださったのだ。難産の産婆役とは、このことであろう。

その後、氏は、マルクス主義と最後まで格闘した歴史家、井上幸治先生との出会いを用意してくださった。アナール学派の苦闘を「社会史」として受容するようになる人々と違い、井上先生はリュシアン・フェーヴルやマルク・ブロックらアナール第一世代と同じように、マルクス主義と格闘していた。名著『秩父事件』（中公新書）は、その格闘の産物であり、秩父困民党に連なる衆生《しゅじょう》の裁判記録を克明にたどった研究には、圧倒された。その井上先生が、しきりにケルトのことを口にされたことが、今さらながら思い出される。当時、私は、何のことかさっぱり分からなかったのだ。

私の修士論文は、戦前の秋田の北方教育社の「生活綴り方」運動の研究だった。東北の童《わらべ》たちの土地言葉による「作文＝綴り方」を、『資本論』とともに、読み続けた。言語表現とは何か、それが私の生涯の難題となった。井上先生の衆生の表現に肉薄しようとする気迫に圧倒されたのは、そのような経緯からだったやもしれない。

フランスの心理学者アンリ・ワロンの研究、それにヘーゲルの研究が待っていた。今にして思うのであるが、二人の研究によって、『資本論』の読みは経済の枠組からはみ出すものになった。

ワロンは、三歳以前の幼児が自己分裂して、自己の内部に他者が成立して初めて、「僕」「私」の意識が誕生することを説く。ヘーゲルも、恥という感情と衣服との起源に、人類の自己分裂を配置する。ワロンの他者は、ソキウスと命名されている。ソキウスとは、アウグスチヌスのような中世の神学者に四六時中付き添って速記する書記官である。そのソキウスが本書の「亡霊的他者」になるまでには、フロイトとラカンとの重苦しい格闘を経なければならなかった。

フロイトとラカンは、流行の波に巻き込まれて読み始めたのではない。ワロンが、二人を相手取っていたのだ。二人については、いずれ、論ずる機会もあるであろう。

生活綴り方から出発した私は、ワロン（実はベルクソンとジャンケレヴィッチ）、ヘーゲル、フロイト、ラカンを通じて、シェイクスピアの『ハムレット』を熟読する羽目になった。その読みは困難を極め、十数年以上の歳月を要した。本書の出版が遅れた理由は、そこにもあったと思わざるをえない。『ハムレット』とじっくり付き合っているうちに、『ハムレット』の亡霊を気にするマルクスがようやく浮かび上がってきたのだ。

ワロンの「自己内他者《ソキウス》」に触れたのは、『ハムレット』の父の亡霊が、現代のわたしたちの内部に居すわり呪縛する他者を示唆していることを、あらためて明示したいからである。どのような時代であれ、どのような文化であれ、この「自己内他者」は姿かたちを変えながら、わたしたちを規定し続ける。この他者に気づかなければ、わたしたちの文化は底の浅いものになるだろう。

こうして、ハムレットは、マルクスと絡みあっているばかりでなく、ワロンの「発達」心理学、フロイトやラカンの精神分析等の現代思想とも絡みあい、私を刺激し続けたのだ。

なお、本書が成立するまで、多くの人々のお世話になった。なかでも、学生の私に復帰前の沖縄への「留学」を命じ、アジアに眼を開かせてくださった「アジア・アフリカの仲間」の方々のお世話には感謝しないわけにはゆかない。拙宅で長い間続けてきた「日本文化研究会」の仲間、また大学で私の講義に参加した学生さんたちにも感謝したい。生硬だった私の論も、学生さんたちとの対話の中で、ようやくこなれかかってきたのだから。

最後に、原稿の細部にわたり鋭い注文をつけてくださった編集の刈屋さんに、心からお礼を申し上げたい。

二〇一四年春三月

著　者

著者紹介

鈴木一策（すずき・いっさく）
1946年、宮城県仙台市に生まれる。一橋大学大学院社会学研究科博士課程修了。哲学、宗教思想専攻。國學院大學、中央大学講師。訳書に、ピエール・マシュレ『ヘーゲルかスピノザか』（新評論、1986年）、スラヴォイ・ジジェク『為すところを知らざればなり』（みすず書房、1996年）がある。

マルクスとハムレット　新《あたら》しく『資本論《しほんろん》』を読《よ》む

2014年4月30日　初版第1刷発行©
2016年7月30日　初版第2刷発行

著　者　鈴木一策
発行者　藤原良雄
発行所　株式会社　藤原書店

〒162-0041　東京都新宿区早稲田鶴巻町523
電　話　03（5272）0301
FAX　03（5272）0450
振　替　00160-4-17013
info@fujiwara-shoten.co.jp

印刷・製本　中央精版印刷

落丁本・乱丁本はお取替えいたします
定価はカバーに表示してあります

Printed in Japan
ISBN978-4-89434-966-7

現代文明の根源を問い続けた思想家

イバン・イリイチ

(1926–2002)

1960 〜 70 年代、教育・医療・交通など産業社会の強烈な批判者として一世を風靡するが、その後、文字文化、技術、教会制度など、近代を近代たらしめるものの根源を追って「歴史」へと方向を転じる。現代社会の根底にある問題を見据えつつ、「希望」を語り続けたイリイチの最晩年の思想とは。

一九八〇年代のイリイチの集成

新版 生きる思想

(反＝教育／技術／生命)

I・イリイチ　桜井直文監訳

コンピューター、教育依存、健康崇拝、環境危機……現代社会に噴出している全ての問題を、西欧文明全体を見通す視点からラディカルに問い続けてきたイリイチの、一九八〇年代末発表草稿を集成した『生きる思想』を、読者待望の新版として刊行。

四六並製　三八〇頁　**二九〇〇円**

(一九九一年一〇月／一九九九年四月刊)

◇978-4-89434-131-9

初めて語り下ろす自身の思想の集大成

生きる意味

(「システム」「責任」「生命」への批判)

I・イリイチ

D・ケイリー編　高島和哉訳

一九六〇〜七〇年代における現代産業社会への鋭い警鐘から、八〇年代以降、一転して「歴史」の仕事に沈潜したイリイチ。無力さに踏みとどまりながら、「今を生きる」ことへ――自らの仕事と思想の全てを初めて語り下ろした集大成の書。

四六上製　四六四頁　**三三〇〇円**

(二〇〇五年九月刊)

◇978-4-89434-471-6

IVAN ILLICH IN CONVERSATION

Ivan ILLICH

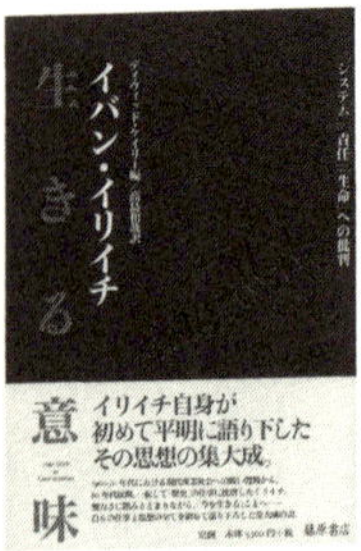

「未来」などない、あるのは「希望」だけだ

生きる希望

(イバン・イリイチの遺言)

I・イリイチ

D・ケイリー編　臼井隆一郎訳

「最善の堕落は最悪である」――教育・医療・交通など「善」から発したものが制度化し、自律を欠いた依存へと転化する歴史を通じて、キリスト教－西欧－近代を批判、尚そこに「今・ここ」の生を回復する唯一の可能性を探る。

[序] Ch・テイラー

四六上製　四一六頁　**三六〇〇円**

(二〇〇六年一二月刊)

◇978-4-89434-549-2

THE RIVERS NORTH OF THE FUTURE

Ivan ILLICH

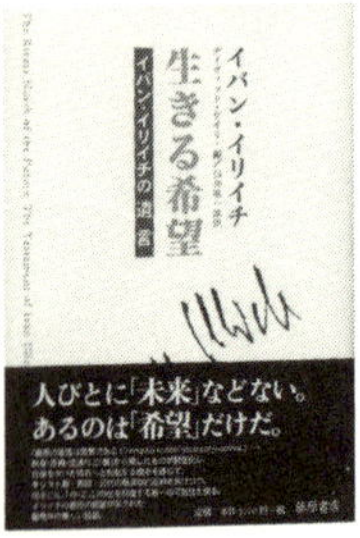